Große Kraft in kleinen Dingen

Sigrid Tschöpe-Scheffler / Helmut Tschöpe

Große Kraft in kleinen Dingen

Spiritualität im Zusammenleben mit Kindern

Patmos Verlag

VERLAGSGRUPPE PATMOS

PATMOS
ESCHBACH
GRÜNEWALD
THORBECKE
SCHWABEN

Die Verlagsgruppe
mit Sinn für das Leben

Für die Schwabenverlag AG ist Nachhaltigkeit ein wichtiger Maßstab ihres Handelns. Wir achten daher auf den Einsatz umweltschonender Ressourcen und Materialien. Dieses Buch wurde auf FSC®-zertifiziertem Papier gedruckt. FSC (Forest Stewardship Council®) ist eine nicht staatliche, gemeinnützige Organisation, die sich für eine ökologische und sozial verantwortliche Nutzung der Wälder unserer Erde einsetzt.

Bibliografische Information der Deutschen Nationalbibliothek
Die Deutsche Nationalbibliothek verzeichnet diese Publikation in der Deutschen Nationalbibliografie; detaillierte bibliografische Daten sind im Internet über http://dnb.d-nb.de abrufbar.

Umschlaggestaltung: Finken & Bumiller, Stuttgart
Druck: CPI – Ebner & Spiegel, Ulm
Hergestellt in Deutschland
ISBN 978-3-8436-0150-4

Inhalt

Vorwort

Liebe Leserin, lieber Leser,

dieses Buch ist die Gemeinschaftsarbeit einer Autorin und eines Autors, die nicht nur durch Ehe und Familie miteinander verbunden sind. Wir arbeiten beide, häufig auch gemeinsam, mit unterschiedlichen Schwerpunkten in Seminaren, Beratung oder Supervision, mit Studierenden, Eltern, pädagogischen Fachkräften und mit Menschen, die sich in Lebenskrisen befinden oder spirituelle Begleitung wünschen.

Die Autorin, in Theorie und Praxis von der Erziehungswissenschaft her kommend, fühlt sich einer »Pädagogik der Achtung« verpflichtet, wie sie der polnisch-jüdische Arzt, Pädagoge und Schriftsteller Janusz Korczak (1878–1942) mit seinen Waisenkindern in Warschau gelebt hat. Ein solcher Zugang bezieht sich in erster Linie auf das Zusammenleben mit Kindern, schließt aber die Achtung vor allem Lebendigen mit ein. Darüber hinaus beinhaltet er eine Haltung, in der alle »kleinen Dinge« des Alltags wertvoll sind und der Anerkennung und Wertschätzung bedürfen, weil sie das Leben bereichern.

Der Autor war über dreißig Jahre lang Gemeindepfarrer und ist jetzt in der Beratung und spirituellen Begleitung tätig. Er geht phänomenologisch davon aus, dass jedes Leben bestimmten Gesetzmäßigkeiten unterliegt, die »am eigenen Leibe« erfahrbar sind. Von ihnen wird in den großen Religionen und spirituellen Traditionen immer schon ausgegangen, heute sind sie häufig in Vergessenheit geraten. Dieses »alte spirituelle Wissen« soll daraufhin befragt werden, wie es sich im Zusammenleben mit Kindern zeigt und gelebt werden kann.

Unsere unterschiedlichen Zugangsweisen, die sich ergänzen, verstehen wir gleichsam wie zwei Türen, die von verschiedenen Seiten in denselben Raum führen.

Wir fühlen uns der christlichen Tradition verbunden, was auch in vielfältiger Weise zum Ausdruck kommt. Allerdings verstehen wir »spirituell« nicht im Sinne einer bestimmten Konfession. Von daher können auch Menschen ohne religiösen Hintergrund und Glauben unsere Zugangsweisen dann nachvollziehen, wenn sie sich für Wahrnehmungsphänomene des Alltags öffnen.

Entstanden sind unsere Überlegungen aus mehreren Impulsen: aus der jahrzehntelangen Arbeit mit Kindern, Jugendlichen und Familien, aus der praktischen und theoretischen Auseinandersetzung mit unterschiedlichen spirituellen Traditionen sowie aus eigenen Erfahrungen mit gelebter Spiritualität. In ihrem Buch »Fünf Säulen der Erziehung« hat die Autorin Liebe, Achtung, Kooperation, Struktur und Förderung als Eckpfeiler einer entwicklungsfördernden Erziehung herausgearbeitet. Durch die konstruktiven Anregungen vieler Leserinnen und Leser dieses Buches wurde deutlich, dass zwei weitere Säulen, Gemeinschaft und Spiritualität, zu berücksichtigen sind, die später, in der überarbeiteten Neuausgabe, hinzugefügt wurden.[1] Wir widmen der Spiritualität, der siebten Säule, hier nun ein ganzes Buch.

Das Leben so zu gestalten, dass sich Zuversicht und Hoffnung als stärker erweisen als Resignation und Unzufriedenheit, und unseren Kindern diese Haltung vorzuleben, erachten wir als eine der größten Erziehungsaufgaben.

Die Autorin und der Autor möchten mit ihrem Buch Leserinnen und Leser ansprechen, die Freude daran finden, jenseits der »Bedienungsoberfläche« des Alltags neue und bereichernde Erfahrungen zu sammeln und sie in ihrem täglichen (Familien-)Leben auf ihre eigene Weise zu erproben.

Wir wünschen Müttern, Vätern und Erziehenden den Zuwachs an Kraft, der sich durch die feinfühlige Wahrnehmung der Kleinen und des Kleinen von selbst einstellt.

Sigrid Tschöpe-Scheffler und Helmut Tschöpe
Köln und Sundern-Langscheid (Hochsauerland) im Herbst 2011

Einleitung

Jedes Kind ist ein wunderbares Geheimnis, schreibt der polnische Arzt und Pädagoge Janusz Korczak. Unser Blickwinkel und unsere Einstellung entscheiden maßgeblich darüber, was für uns »Wirklichkeit« ist. Sehen wir unsere Kinder und das Zusammenleben mit ihnen als ein Bündel von Problemen, das mit konkreten Methoden oder nur mit der Hilfe von »Fachleuten« gelöst werden kann? Oder nehmen wir die Begegnungen mit ihnen als ein Geschehen wahr, das gegenseitige Bereicherung, Lebendigkeit und Entwicklung umfasst?

Beides, dass Kinder ein Geheimnis und wunderbar sind, wird im manchmal frustrierenden und anstrengenden Erziehungsalltag oft vergessen. Von daher bedarf es der Erinnerung, die positiven Seiten unserer Kinder und die gelungenen Situationen des Lebens wieder bewusster in den Blick zu nehmen und der Kraft nachzuspüren, die in dieser Art der Wahrnehmung, manchmal auch sehr »kleiner Dinge«, stecken kann.

Es gibt Geheimnisse, die eher Rätsel sind und aufgelöst werden können. Und es gibt andere Geheimnisse, die zu achten und zu bewahren sind.

Mit diesem Buch wollen wir uns auf die Reise begeben, Verhaltensweisen und -konflikte, die für uns vielleicht zunächst nicht einzuordnen sind, wahrzunehmen und sie verstehen zu lernen, um ihnen gemäß handeln zu können. Dabei wollen wir Kinder und ihre Lebensäußerungen nicht auf Probleme reduzieren und auch kein entsprechendes Controlling und Erziehungsmanagement darstellen, um einen »Fall« in den Griff zu bekommen. Unser Buch enthält keine Erziehungsratschläge, keine Maßnahmen zum »Spirituell-Werden« und keine einfachen Handlungsanweisungen.

Stattdessen wollen wir uns, gemeinsam mit der Leserin und dem Leser, den Geheimnissen, Wundern und Gesetzmäßigkeiten des Lebens nähern, sie (be-) achten und uns von ihnen leiten lassen. Dazu brauchen wir eine Dimension des Lebens, die zwar immer schon da ist, von uns aber oft nicht erkannt wird: die Spiritualität. Wir gehen, wenn wir uns auf den spirituellen Weg begeben, davon aus, dass es Einflüsse und Wirkfaktoren gibt, die jenseits unserer Absichten liegen und denen wir uns dennoch anvertrauen können.

Weil ein Kind ein wunderbares Geheimnis ist, kann das Zusammenleben mit ihm allein schon eine spirituelle Erfahrung sein. Dazu aber ist es zum einen wichtig, offen zu sein für das, was uns in nicht wiederholbaren Augenblicken im Zusammensein mit ihm begegnet, und zum anderen auch das ernst zu nehmen, was den sogenannten Alltag ausmacht mit all seinen Banalitäten, Problemen, aber auch Höhepunkten und unseren täglich neuen Versuchen und Irrtümern.

Der Begriff Spiritualität wird erst seit wenigen Jahrzehnten in unserer Alltagssprache gebraucht. Früher wurde eher das Wort »Frömmigkeit« verwendet, das aber im Laufe der Zeit einen abwertenden, mit der Assoziation »Frömmelei« verbundenen Unterton angenommen hat. Der Begriff Spiritualität öffnet mehr Weite und ist auch besser geeignet, Phänomene zu benennen, die nicht oder nicht ausschließlich an konfessionelle Grenzen, religiöse Dogmen und Lehrsätze gebunden sind. Uns geht es um eine »Alltagsspiritualität«, die Kindern und Erwachsenen hilft, unabhängiger, achtsamer und liebevoller zu werden, und die es ermöglicht, sich mit der Tiefendimension des Lebens, mit dem Göttlichen, mit den kosmischen Ordnungen zu verbinden. Der Alltag und die sogenannten. »kleinen Dinge«, also das Unscheinbare, scheinbar Unwichtige, bieten ein unerschöpfliches Reservoir an Lebensmöglichkeiten, die es zu entdecken gilt.

Bei der Suche kann uns das Erfahrungswissen von Menschen aller spirituellen und religiösen Traditionen helfen, die um die tiefe Verbundenheit und göttliche Qualität der Dinge wussten und wissen. Dabei ist nichts zu klein und zu gering, um Beachtung zu finden, denn, so die Erfahrung, gerade die »kleinen Dingen« entfalten, je nach Umgang mit ihnen, große Kräfte, negativ oder positiv, und haben Auswirkungen auf den Umgang mit den »großen Lebensfragen«.

In ein und derselben Situation kann je nach Umgangsweise sowohl ein großes Konfliktpotential als auch die Möglichkeit geglückter Erfahrung stecken. In diesem Buch begeben wir uns auf die Suche nach den Bedingungen, unter denen aus scheinbar unwichtigen Aspekten gelingendes Zusammenleben entstehen kann, in Form geglückter Begegnung und Beziehung.

Was im Erziehungsalltag für uns und unsere Kinder »Wirklichkeit« wird, hängt in entscheidendem Maße davon ab, ob es uns gelingt, gerade in der Auseinandersetzung mit den kleine Dingen des Alltags eine wahrnehmende, achtsame Haltung zu entwickeln, die große und ungeahnte Kräfte freisetzen kann. Dadurch »erschaffen« wir die Wirklichkeit, die uns und unsere Kinder bestimmt, oder besser, wir »locken« sie hervor. Dies wiederum führt zu mehr Gelassenheit, Vertrauen, Mut und Dankbarkeit. Gerade das sind Fähigkeiten, die uns oft im (Erziehungs-)Alltag fehlen.

Wo findet das Eintauchen in die Tiefendimensionen des Lebens statt? In einem besonders geschützten Bereich? Das kann bisweilen durchaus so sein, wir wollen aber gerade den Blick darauf richten, wo es uns im ganz alltäglichen Familien- und Erziehungsalltag begegnet, beim Spielen und Lernen, in Arbeit und Freizeit, Schlafengehen und Aufwachen, beim Essen, beim Streiten und Versöhnen, bei Trauer und bei Fest und Feier.

Alles bisher Gesagte und alle weiteren Fragestellungen und Anregungen sind konfessions-und religionsunabhängig, sie ergeben sich aus den alltäglichen Lebensvollzügen. So können auch Väter, Mütter und Erziehende ohne spezifisch religiöse Überzeugung Anregungen für eine erweiterte Wahrnehmung bekommen, wenn sie offen dafür sind, dass es mehr zu erfahren gibt als das, was unmittelbar offensichtlich zu sein scheint und immer schon klar war.

Darum werden wir uns auch Phänomenen nähern, die zunächst nichts mit Religion zu tun haben, wie z. B. Atmosphären, Energien und Resonanzen. Wir werden auch von Lachen, Weinen, Essen, Schweigen, Spielen, Streiten und Sich-Versöhnen sprechen – all das sind keine spezifisch religiösen Begriffe. Wohl aber können diese Lebensäußerungen in die Alltagsspiritualität einfließen. Spiritualität, wie wir sie beschreiben, ist gerade nicht das Verlassen der Alltagswelt, sondern folgt deren Spuren und untersucht sie auf ihre verschiedenen Inhalte und Dimensionen. Dabei geht es um die tiefen Beziehungen zwischen Mensch und Mensch, Mensch und Mitlebewesen, Mensch und Mitwelt, Mensch und Gott, die letztendlich als Geheimnis des Lebens im ganz normalen Alltag durchscheinen.

Das alles ist nicht neu, sondern altes spirituelles Wissen, das gegenwärtig wieder sehr aktuell ist und in anderen Kontexten, z. B. durch die Hirnforschung und Quantenphysik, untersucht und naturwissenschaftlich erklärt oder von der Transpersonalen Psychologie aufgegriffen wird.

Mit Fragen, Beobachtungen und dem Verweis auf die Wirkung bestimmter Atmosphären, Energien und Resonanzen wollen wir die wichtige und schwere Frage stellen, wie wir als Erwachsene zusammen mit Kindern das »Geheimnis Leben« erfahren und in angemessener Weise leben können.

Unser Buch wendet sich folglich an alle, die im engeren oder weiteren Sinn mit Kindern zu tun haben: an Mütter, Väter, Großeltern, Erzieherinnen und Erzieher, Lehrerinnen und Lehrer und natürlich an diejenigen, die mit Familien arbeiten und mit ihnen gemeinsam ihre Lebenswelt so mitgestalten, dass ein gelingendes Leben immer wieder möglich wird. Da, wo wir Erwachsene in Bezug auf ihre eigene Lebensführung und Haltung ansprechen, tun wir das, weil wir davon ausgehen, dass wir Vorbilder sind. Kinder imitieren nicht nur unser Verhalten, sie spüren auch sehr genau unsere Stimmungen, unsere Lebenshoffnung und Lebensfreude, oder eben das Gegenteil. All das hat atmosphärische Auswirkungen. Es geht also in erster Linie um die Weitergabe einer Grundhaltung des Vertrauens in das Leben an die nächste Generation. Wie bereichernd eine Erziehung für alle Beteiligten ist, die nicht nach Rezepten, Methoden und Ratschlägen vorgeht, sondern zunächst der eigenen Wahrnehmung traut, können diejenigen erfahren, die den Mut haben, sich dem Fluss des Lebens und dem, was es im Guten oder Schlechten »anreicht«, anzuvertrauen.

Bei unserer Erkundung der Spiritualität im Alltag wollen wir uns auf fünf Themen konzentrieren:
• Räume und Ortswechsel,
• Sprache und Kommunikation,
• Verhalten und Handeln,
• Fest und Feier,
• Umgang mit Leid und Abschied.

Diese Auswahl und die Beispiele in unserem Buch sind exemplarisch gedacht und auf andere Phänomene übertragbar. Situationen, die wir nicht erwähnen, können analog, mit Hilfe vieler Reflexionsfragen, selbst erarbeitet werden.

Teil 1
Mit Kindern die Tiefen des Lebens entdecken

Vom Leben mit Kindern und einer Pädagogik der Achtung

In den letzten Jahrzehnten hat sich das, was unter Erziehung verstanden wird, und damit auch die Rolle von Eltern und Kindern, entscheidend verändert. Gab es noch bis Mitte des letzten Jahrhunderts klare Rollenzuweisungen für das Mutter- oder Vaterbild, die durch Strenge und Dominanz der Eltern gegenüber ihren Kindern geprägt waren, so haben die gesellschaftlichen Strukturveränderungen seit der Industrialisierung bis zur Postmoderne diese Bilder gravierend verändert. Die Auflösung der elterlichen Rollenklarheit und die Skepsis gegenüber »Amtsautoritäten« haben insgesamt zu einer Liberalisierung geführt. Tatsächlich wird der traditionelle Erziehungsbegriff, in dem das Kind zu Gehorsam und Anpassung diszipliniert werden soll, heute zu Recht in Frage gestellt. Diese Entwicklungen der letzten Jahrzehnte haben das Aufwachsen von Kindern gravierend verändert, gleichzeitig ziehen sich jedoch nach wie vor die Grundfragen nach Liebe und Geliebt-Werden, nach Achtung und Geachtet- und Beachtet-Werden, nach Kooperation mit anderen, nach verlässlichen Strukturen und danach, wie Menschen sich weiterentwickeln und entfalten können, wie ein Kontinuum durch das Leben von Kindern und Erwachsenen.

Die fünf Säulen der Erziehung

Trotz (oder gerade wegen?) einer verstärkten Sensibilität im Umgang mit ihren Kindern und einem zunehmenden Problembewusstsein haben dennoch immer mehr Eltern Gefühle von Überforderung und Orientierungslosigkeit und empfinden sich in Erziehungskonflikten oftmals auch als »Erziehungsversager«, wie sich ein Vater in einem Beratungsgespräch selbst genannt hat.

Es ist aber auch zu beobachten, dass es trotz vieler Mängel und Ärgernisse im Erziehungsalltag genügend Mütter und Väter gibt, die gerne erziehen, ihren Kindern Liebe und Zuwendung entgegenbringen und sich für sie zuständig fühlen. Die meisten

Eltern haben sich ihre Kinder gewünscht und wollen das Beste für sie.

»Aber – was ist das Beste und wie erziehe ich richtig? Was muss ich tun und was lassen, damit mein Kind sich gut entwickelt und zu einer selbstbewussten, lebensfrohen und mitfühlenden Persönlichkeit wird? Wie reagiere ich angemessen in Konflikten?«, so fragen viele Väter und Mütter. Um diese Fragen zu beantworten, wurden in Sigrid Tschöpe-Schefflers Buch »Fünf Säulen der Erziehung« Kriterien für entwicklungsförderndes und entwicklungshemmendes Erziehungsverhalten beschrieben. Es handelt sich dabei nicht um »goldene Erziehungsregeln« oder Rezepte und Gebrauchsanleitungen für schwierige Kinder. Stattdessen wurden Strukturelemente erarbeitet, an denen sich Eltern, Erzieherinnen und Erzieher orientieren und ihr Verhalten und ihre Einstellungen reflektieren können. Diese Orientierungen stellen kein Novum dar, im Gegenteil. Sie entstanden als Ergebnis einer Sichtung und Zusammenfassung eines »alten Wissens über Erziehung«, das sich an den Entwicklungsbedürfnissen von Kindern und Jugendlichen orientiert und dessen Gültigkeit in vielen empirischen Untersuchungen, wie z. B. der Erziehungsstil- oder Bindungsforschung, bestätigt wurde.

Im Modell der fünf Säulen wird davon ausgegangen, dass Eltern, die ihrem Kind entwicklungsfördernde Unterstützung geben, sich für die Erziehung und den Familienalltag zuständig fühlen und sich den Aufgaben stellen, die damit verbunden sind. Sie sind bereit, ihren Lebensentwurf mit dem des Kindes zu verbinden und Veränderungen in ihrem eigenen Leben zu akzeptieren, ja diese sogar als individuelle Entwicklungschancen zu verstehen. Auf diesem Fundament stehen die folgenden »Fünf Säulen der Erziehung« plus zwei weitere, die später hinzugekommen sind. Die entwicklungsfördernden Dimensionen sind:

- Liebe
- Achtung
- Kooperation
- Struktur
- Förderung
- *Gemeinschaft*
- *Spiritualität*

Die entwicklungshemmenden Dimensionen sind als Gegenpole zu den entwicklungsfördernden zu verstehen:

- emotionale Kälte / Überfürsorge
- Missachtung
- Dirigismus
- Chaos
- mangelnde Förderung oder Überförderung
- *Isolation*
- *Allmachtsphantasie*

Die siebte neue Säule in diesem Modell, »*Spiritualität versus Allmachtsphantasie*«, hat sich durch Dialoge mit Eltern und Erziehenden und die intensivere eigene Beschäftigung mit spirituellen Fragen entwickelt. Hinzu kam die Beobachtung, dass Eltern, die ein Grundvertrauen in das Leben und ein kosmisches Urvertrauen haben, gelassener sind, weniger Kontrolle ausüben, insgesamt mehr Zutrauen zu ihren Kindern haben, besser loslassen und mit ihrer Angst um ihre Kinder angemessener umgehen können.

In Zusammenhang mit dieser Säule »Spiritualität« geht es darum, Alltagssituationen auf eine Dimension hin zu untersuchen, die mehr ist als das, was unmittelbar sichtbar und planbar ist.[2] Erziehung und Beziehung in komplexen Lebenszusammenhängen können nur gelingen, wenn die Erziehenden aus einem Mehrwert schöpfen können, der pädagogisch nicht unmittelbar verrechenbar ist. Es handelt sich dabei um unspezifische Wirkfaktoren, wie z. B. Vertrauen in das Leben, Gelassenheit, Hoffnung, Verzeihen, Trost oder Mut. Insofern ist Spiritualität als Gegenpol zu einer Anmaßung von Allmacht zu verstehen, die erfahrungsgemäß immer wieder an den Realitäten scheitert.

Viele Erziehende gehen davon aus, dass sie alles selbst machen, kontrollieren und gestalten müssen (und das auch noch perfekt!). Das Wissen darum oder der Glaube daran, dass es noch andere Wirkkräfte im Leben eines Menschen gibt, die je nach religiöser Orientierung Gott, eine höhere Macht oder kosmische Kräfte genannt werden können, ermöglicht Eltern eine hoffnungsvolle Grundhaltung, die ihnen hilft loszulassen (und vielleicht auch, ihre Ängste besser auszuhalten). Der neuzeitliche Mensch wird immer mehr zum »Macher« und fühlt sich selbst gottähnlich, weil er auf diese Weise seine fundamentale Abhängigkeit und Schwachheit

19

verdrängen kann. Dieser »Gotteskomplex«[3] äußert sich sowohl im Denken als auch im praktischen Handeln, z. B. in der Naturbeherrschung durch die Technik oder in der Unfähigkeit, sich auf die unverfügbaren Anteile des Lebens vertrauensvoll einzulassen. Da die egozentrische Omnipotenz aber immer wieder an ihre Grenzen stößt, schwankt der Mensch zwischen Allmacht einerseits und Ohnmacht andererseits.

Janusz Korczak und das Geheimnis Kind

Was kann dann an die Stelle treten, wenn der Mensch wahrnehmen muss, dass nicht alles von ihm und seinem Machen und Tun sowie seinen Kontroll- und Sicherheitssystemen abhängt? Was ist das Besondere einer Pädagogik der Achtung, die Mut macht, Visionen gibt und mit dem Geheimnisvollen und Unplanbaren in der Begegnung zwischen Kindern und Erwachsenen immer wieder rechnet? Janusz Korczak, der polnische Pädagoge und Arzt[4], hat mit seiner Grundhaltung dem Leben und den kleinen und großen Menschen gegenüber gezeigt, wie Achtung und Respekt gelebt werden können.

Sein Leben mit den Waisenhauskindern in Warschau ist nicht von pädagogischen Prinzipen, Theorien oder Konzepten geprägt, sondern er bringt sich als Mensch in die Begegnungen ein und ist zuständig für »zerbrochene Fensterscheiben, zerrissene Handtücher, schmerzende Zähne, erfrorene Finger, für das Gerstenkorn im Auge, den verlorenen Schlüssel, das gestohlene Buch, für Schlägereien, für Tränen, für Lachen, für Kartoffeln, für Brot, für Schlaf«[5]. Sich für den Alltag zuständig zu erklären, als Person präsent zu sein, sich auf Menschen und Situationen, auf Leid und Freude, auf die kleinen Geschehnisse und die großen Lebensfragen einzulassen, bedeutet »nicht Lehre sagen, sondern Lehre sein«[6].

Viele, die mit Korczaks Gedanken in Berührung gekommen sind, sagen, er mache Mut und vermittle die Hoffnung von einem gelingenden Leben, wodurch sie eine Wahrnehmungshilfe für die eigene Praxis bekämen, und es sei tröstlich zu erfahren, dass auch große Pädagogen wie er nicht nur Erfolgserlebnisse gehabt hätten. Von ihm könne man lernen, das Scheitern in der Praxis nicht als Niederlage zu verstehen, sondern es als Anlass zu Selbstreflexion und Selbsterziehung zu nehmen.

Korczaks umfangreiches schriftliches Werk kann als ein Kommentar zu seinem gelebten Leben und als Reflexion seiner Erfahrungen mit Kindern und Jugendlichen verstanden werden. Er vertraute weniger fremden Gedanken als seinen eigenen Beobachtungen, die sich auf die Situation und das Kind bezogen. Genau darum geht es auch in unserem Buch: Wie schaffen es Mütter und Väter, Großeltern, Erzieherinnen und Erzieher immer wieder, »Lehre zu sein« statt zu belehren? Wie können Kinder durch das Vorbild der Erwachsenen ihr eigenes Leben ausrichten? Wie gelingt es Eltern, für das Familienleben zuständig zu sein und ihre Kinder einzubeziehen? Wie wirken Räume, Kommunikation und das Verhalten auf die Familienatmosphäre? Wie gelangen Menschen (immer wieder) in eine Haltung der Achtung, die eine der wesentlichen entwicklungsfördernden Grundlagen im Umgang miteinander darstellt?

Wir wollen mit unseren Beobachtungen von Begebenheiten aus dem Familienalltag auf das Verstehen der Phänomene abzielen und dabei weder einordnen noch moralisieren. Die wahrnehmende Beobachtung kann dazu führen, sowohl die Ansprüche des Kindes als auch die eigenen und diejenigen der Lebenswelt zu hören und zu sehen und auf diese zu antworten. Dazu ist es notwendig, in den Deutungen vorsichtig zu sein und nicht zu abschließenden Urteilen zu kommen, da jede Beobachtung wieder eine neue Frage aufwerfen kann. So wie Korczak ist es uns wichtig, nicht einer *Kategorie* »Kind« zu folgen, sondern in der aktuellen Situation das Individuum, das sich *jetzt* so verhält, aber immer wieder auch anders sein kann, wahrzunehmen. Die Erfahrungen des Kindes, sein Lebensgeheimnis und seine Gefühle müssen sowohl vor dem Zugriff einer besitzergreifenden Liebe als auch vor manchen verhängnisvollen (Erziehungs-)Vorstellungen der Erwachsenen geschützt werden.

Korczak erkannte die Gefahr der Pädagogisierung der kindlichen Lebenswelt schon sehr früh und warnte davor, der intentionalen und formalen Erziehung einen zu hohen Stellenwert einzuräumen. Er formulierte die Rechte der Kinder, lange bevor 1959 die UN-Deklaration und dann endlich 1989 die UN-Konvention als völkerrechtliches Gesetz Kinderrechte festlegte. Das Kind durch Rechte zu schützen, bedeutete für Korczak in erster Linie, die Erfahrungen des Kindes und damit sein Anderssein, seine Individualität und sein Kindsein zu schützen. Er mutet den Erwachsenen zu, eigene Ängste um das Leben des Kindes und Vorstellungen von dem geraden, gefahrlosen Weg des Kindes in eine glückliche Zukunft genau zu überprüfen und, falls nötig, zugunsten neuer Einstellungen zu revidieren. Damit würden die vielfältigen kindlichen Entwicklungsmöglichkeiten geachtet und ihnen Raum gegeben.

Alle Kinder sind an der Person der Erwachsenen interessiert, sie wollen ihre Gefühle, Einstellungen und Lebenshaltungen kennenlernen. Dazu müssen Erwachsene mit Kindern in echte Beziehungen treten, sie begleiten und sich von ihnen auf eigene Urteile, Vorurteile, Wirklichkeitsauffassungen und Werte hinterfragen lassen. Eine Voraussetzung dazu ist, sich über das, was einem selbst im Leben wichtig ist, Gedanken zu machen und dafür einzustehen, um Kindern Antworten zu geben und Antwort sein zu können.

Eine solche »nichtpädagogische Pädagogik«, die sich an Alltagsdingen und an der Beziehungsgestaltung orientiert, stellt eine außergewöhnliche Herausforderung für Mütter und Väter, für die Erzieherin und den Erzieher als Person dar. Denn der Mensch hinter der jeweiligen Rolle ist gefragt, und hierzu bedarf es der Selbsterziehung und eines Umgangs mit sich selbst, bei dem im Denken, Fühlen und Handeln alles Kindliche und Schwache ebenso erfahrbar werden darf wie das Erwachsene, das durch Erfahrung und Wissen Gewachsene.

So geht es um grundlegende Fragen, wenn wir Kinder erziehen: zum einen darum, wie wir sie an unserem Denken und Fühlen und an unserer Art, mit Menschen und Dingen umzugehen, teilhaben lassen, und zum anderen, wie wir uns durch den Umgang mit Kindern in unserem eigenen Leben so berühren lassen, dass wir selbst immer wieder neu zu staunen beginnen und Lernende werden und bleiben.

Diese Gedanken sind aktueller denn je, in einer Zeit, in der wir darüber diskutieren, ob Kinder »Disziplin« und Familien »Supernannys und Supermamas« brauchen; in einer Zeit, in der sich die Erwachsenen durch ihre pädagogischen Diskurse der Kinderwelten bemächtigen und sogenannte Expertinnen und Experten Erziehungslösungen bereithalten. Stattdessen geht es um eine würdevolle Annäherung an das Kind, in der Beziehung wachsen kann.

Neben all den vielfältigen Erziehungsbemühungen können wir zum Glück damit rechnen, dass das Kind sich immer auch entzieht und damit letztlich geheimnisvoll, unplanbar und unkontrollierbar bleibt. Mit Clemens Sedmak sind wir der Meinung, dass »in einer Welt der Ernüchterung eine besondere Verantwortung darin zu liegen [scheint], das Unverstehbare und Geheimnisvolle zu hüten [...]. Wir können es nicht verstehen. Das Beste ist vielleicht das, was wir am wenigsten verstehen.«[7]

Die Phänomenologen Käthe Meyer-Drawe und Bernhard Waldenfels haben in ihrer grundlegenden Arbeit »Das Kind als Fremder«[8] zwei Arten dargestellt, wie Erwachsene versuchen, die Fremdheit des Kindes und damit sein Anderssein zu bewältigen: zum einen durch Formen der Aneignung, sprich Pädagogisierung und Kategorisierung, zum anderen durch Enteignung, d. h. durch Desinteresse, Gewähren lassen oder resignative Abstinenz.

Sich im Umgang mit Kindern sowohl die Aneignung mittels gewaltsamen Handelns und Methodisierens, Disziplinierung und überfürsorglicher Liebe als auch die Enteignung oder Überhöhung und Vergötterung des Kindes zu versagen, könnte eine neue Herausforderung sein. Was lässt sich sagen von einem Menschen, der uns fremd ist? Doch erst einmal so viel, dass er ein »wunderbares, unergründliches Geheimnis« ist und wir erst einmal »nichts wissen«[9] »Wie, wann, wie viel – warum? Ich ahne viele Fragen, die auf Antwort warten, Zweifel, die Aufklärung fordern. Und ich antworte: ›Ich weiß nicht.‹ [...] Ich möchte, dass man versteht, dass kein Buch, kein Arzt den eigenen aufmerksamen Gedanken, die eigene genaue Beobachtung ersetzen können.«[10]

Lassen wir uns irritieren und wollen wir Lernende sein, die sich vom Kind oder vom Leben selbst befragen lassen, um unsere schnellen Urteile und Vorurteile zugunsten neuer Fragen entkräften zu lassen? Gelingt es uns, immer wieder einmal innezuhalten, wahrzunehmen, zu staunen und sensibel zu werden für das, was unsere gemeinsame Lebenswelt bereichert?

Es geht in einer Pädagogik der Achtung nicht nur um die Konfrontation mit der Fremdheit und dem Anderssein des Kindes, sondern auch um die Auseinandersetzung mit eigenen Einstellungen, Werten und (Vor-)Urteilen. Es geht darum, immer mehr eine Haltung zu entwickeln, die aus Achtsamkeit großen und kleinen Menschen, aber auch großen und kleinen Dingen gegenüber erwächst.

Selbsterziehung und Selbsterkenntnis des Erziehers und der Erzieherin sind von daher eine unverzichtbare Bedingung für eine solche Begegnung mit der Lebenswelt und dem Kind:

»Habe Mut zu Dir selbst, und such Deinen eigenen Weg. Erkenne Dich selbst, bevor du Kinder zu erkennen trachtest.

Leg dir Rechenschaft darüber ab, wo deine Fähigkeiten liegen, bevor du damit beginnst, Kindern den Bereich ihrer Rechte und Pflichten abzustecken. Unter ihnen allen bist du selbst ein Kind, das du zunächst einmal erkennen, erziehen und ausbilden musst.

Es ist einer der bösartigsten Fehler anzunehmen, die Pädagogik sei die Wissenschaft vom Kind – und nicht zuerst die Wissenschaft vom Menschen.«[11]

Für uns ist diese »Pädagogik der Achtung« mehr als nur eine Pädagogik, mehr als nur ein bestimmtes Verständnis von Erziehung – es ist eine *umfassende Lebenshaltung* allen Menschen, der Schöpfung, Gott und sich selbst gegenüber.

Da Pädagogik und Persönlichkeit nicht zu trennen sind, muss in erster Linie danach gefragt werden, wie Erwachsene leben, wie sie denken, welche Haltungen sie entwickeln, was ihnen »heilig ist«, wie sie z. B. ihre Feste feiern oder ihre Toten beerdigen. Alle diese Lebensphänomene entspringen einer bestimmten Grundhaltung – und das hat energetische Auswirkungen auf die Entwicklung und das Leben von Kindern und auf unser Zusammenleben mit ihnen! Der Erziehungswissenschaftler Michael Winkler hat für diese Zusammenhänge eine treffende Formulierung gefunden: »Oft genug gleicht das in einer Gesellschaft entworfene Bild von Erziehung einem Monumentalgemälde, gegenüber dem die Beteiligten und Betroffenen ganz klein wirken. Umgekehrt vergisst man aber zuweilen, wie die kleinen Gesten, das Wort, die Kopfbewegung, einem Leben eine Wendung geben.«[12]

In diesem Sinne kann und darf es auf Erziehungsfragen niemals konkrete Antworten geben, die für alle passen. Vielmehr muss in jedem einzelnen Fall gemeinsam mit den Erwachsenen und den Kindern herausgefunden werden, was wie wirkt und warum *so* und nicht anders. Alles, was wir tun und wie wir es tun, hat Auswirkungen auf Atmosphäre, Stimmung, Gefühle, auf uns selbst oder unser Gegenüber, mit anderen Worten, es fließen je nach Haltung entwicklungsfördernde oder entwicklungshemmende Energien. Wir nehmen z. B. die Ausstattung eines Raumes, einen bestimmten

Gesichtsausdruck, Tonfall oder die Gestik einer Person zwar wahr, verstehen aber nicht sofort die Wirkungen auf uns oder unsere Kinder. So sagte eine Mutter, sie erwarte von einem Erziehungskurs keine Expertenratschläge, die habe sie schon zur Genüge in ihrem Bücherregal stehen. Sie wünsche sich stattdessen, dass »ihr eigenes Erziehungsschatzkästlein« neu aktiviert würde und sie sich mit dem, was sie wisse und könne, wieder selbstsicherer fühle. Diese Mutter hat etwas Entscheidendes gespürt: Elternschelte und Defizitzuschreibungen sind wenig geeignet, Mut zu machen, den eigenen Weg zu gehen. Ähnlich ist es mit der Flut der Erziehungsratgeber samt ihren Patentrezepten der sogenannten Erziehungsexpertinnen und -experten, die *die* richtigen Lösungen für ein Problem vorgeben. Im eigenen Erziehungsalltag greifen diese Rezepte nur kurzfristig oder gelingen gar nicht, wenn sie aufgesetzt sind und nicht mit der inneren Haltung und den eigenen Werten übereinstimmen.

Erziehungsrezepte geben schnelle Antworten, die vielleicht allgemein richtig sein können, aber im Einzelfall weder für eigene Wahrnehmungen und Fragen sensibilisieren noch die Selbstwirksamkeit von Eltern stärken. Haben Eltern selbst Vertrauen ins Leben, können sie mit ihren Kindern andere Erfahrungen sammeln als da, wo Angst und ein großes Sicherheitsbedürfnis das Erziehungshandeln bestimmen.

Neben dem Mut, eigene Wege im Zusammenleben mit Kindern zu finden, bedarf es auch des Vertrauens darauf, dass es eine »intuitive Elternkraft« gibt, die, wenn sie aktiviert ist, weiß, was in der jeweiligen Situation angemessen ist. Um mit dieser »intuitiven Elternvernunft« erziehen zu können, benötigen Eltern »Herz, Kopf und Hand«, wie es der Pädagoge Johann Heinrich Pestalozzi schon im 18. Jahrhundert beschrieben hat. Damit ist zum einen die mütterliche und väterliche Liebe dem Kind gegenüber angesprochen (Herz), die allerdings durch genaue und differenzierte Wahrnehmung und die Kraft des Verstandes (Kopf) dazu »veredelt« (Pestalozzi) werden muss, aus einer (über)fürsorglichen oder symbiotischen Liebe zu einer sehenden und denkenden zu werden. Erst eine solche Form der Liebe verhilft dem Kind zu Autonomie und Selbstwerdung, sie ermöglicht ihm Geborgenheit und Bindung (Wurzeln) und lässt ihm genügend Erfahrung und Freiraum (Flügel).

Zudem gibt es eine hilfreiche Maxime: Es reicht, wenn Eltern »gut genug« sind und als Personen für ihr Kind präsent und sichtbar bleiben. Eltern sind Menschen, die sich ebenso wie Kinder freuen oder traurig sind, wütend und ungeduldig oder aufmerksam und zärtlich, und die immer wieder auch Fehler machen. Kinder, die Erfahrungen mit der ganzen Gefühlsskala ihrer Eltern sammeln können und nicht pädagogisch kontrollierten Attitüden begegnen, werden selbst ihre Gefühle wahrnehmen und damit umgehen lernen. Ein Elternverhalten, das »echt« und unmaskiert ist, bedeutet kein hemmungsloses und unkontrolliertes Ausagieren, aber eben auch kein nach vorgegebenen Erziehungsrezepten gestaltetes Handeln. Für das täglich neue Sich-Einlassen können ein Perspektivwechsel aus der Sicht des Kindes, die Zurückhaltung des Erwachsenen zugunsten der kindlichen Autonomie und nicht zuletzt Güte, Geduld und Humor erkenntnisleitend sein.

Meist haben Eltern, wenn sie nach ihren eigenen Wahrnehmungen gefragt werden, oft auch schon eine Vermutung, was und wie sie etwas ändern könnten, damit ihr Kind entwicklungsfördernde Bedingungen hat. Eltern sind nicht per se Experten, wie in Fachkreisen so gerne behauptet wird. Sie sind in erster Linie »Amateure«. Hätte dieser Begriff in unserer Gesellschaft nicht eine diffamierende Konnotation, wäre er eine treffende Bezeichnung für Eltern, da lat. *amator* der Liebende ist. Einerseits sind Väter und Mütter Amateure und Amateurinnen, andererseits immer wieder auch Expertinnen und Experten, nämlich dann, wenn sie diese Wirkzusammenhänge wahrnehmen und darauf mit »Herz, Kopf und Hand« und der Weisheit ihrer Intuition reagieren.

Wir wollen einige dieser Wirkungszusammenhänge und die spirituellen Dimensionen im Alltag entdecken. Das geschieht u. a. auf der Grundlage einer »Pädagogik der Achtung«. Von daher stellen wir in unserem Buch häufig Fragen nach der Haltung der Erwachsenen, den Bedingungen und spezifischen Strukturen des Zusammenlebens mit Kindern.

Bei unseren Überlegungen lassen wir uns u. a. von folgenden Gedanken einer Pädagogik der Achtung leiten, die wir in zehn Kernpunkten zusammengefasst haben.

Zehn Kernpunkte einer Pädagogik der Achtung

1. Selbstbeobachtung, Selbstreflexion und Selbsterziehung der Erziehenden als Voraussetzung für alle weiteren Kernpunkte.
2. Eine fragende Haltung einüben statt Wissende zu sein (»Wir kennen das Kind«).
3. Geheimnisse wahren statt alles verstehen zu müssen.
4. Beobachten, Beachten, Achten und Zurückhaltung statt pädagogischer Aktionismus.
5. Unaufdringliches »Da-sein« und personale Präsenz statt »fürsorgliche Belagerung«.
6. Sich-Einlassen und Stellung-Beziehen statt von außen Belehrungen zu erteilen.
7. Kindliche Lern- und Erfahrungswelten zulassen statt Kontrolle auszuüben.
8. Fehlerfreundlichkeit statt Perfektionismus.
9. Beziehung leben statt nach Erziehungsstrategien zu handeln.
10. Mut zu eigenen Wegen mit Versuchen und Irrtümern statt Erziehungsrezepte umzusetzen.

Spiritualität – die Tiefendimension des Alltags

Ein Schüler kommt aufgeregt und strahlend zu seinem Meister: »Meister, ich habe die Erleuchtung erfahren, der Buddha ist mir erschienen.« – »Sehr schön«, sagt der Meister, »geh Holz hacken, dann verschwindet er auch wieder.«

Was ist die Aussage dieser Geschichte? In der Spiritualität geht nicht in erster Linie darum, außergewöhnliche Erfahrungen zu machen. Dass es diese gibt, ist wohl unbestritten. Große spirituelle Meister aber haben immer wieder darauf hingewiesen, dass sie keineswegs das Ziel spiritueller Praxis sind, sondern nur Begleitphänomene.

Wahre Spiritualität bedeutet zum einen die Wahrnehmung spiritueller Lebensbezüge und zum anderen ihre Integration in den Alltag. Es geht in dieser Geschichte darum, das zu tun, was JETZT getan werden muss: Holz zu hacken und nicht aufgrund erhebender Erfahrungen den Boden unter den Füßen zu verlieren. Im Zen-Buddhismus ist die höchste Stufe spiritueller Entwicklung erreicht, wenn der Erleuchtetet wieder auf dem Marktplatz ist, mitten unter den Menschen. »Erleuchtung« wäre dann die Erkenntnis dessen, was im Augenblick zu tun ist. Oft wird das auch als »Achtsamkeit« bezeichnet.

Wer auf dem Land lebt oder einen Kamin hat, wird hin und wieder, vielleicht auch zusammen mit seinen Kindern, Holz hacken. Wir wollen es als Symbol nehmen für all die vielen größeren und kleineren Tätigkeiten und Erfahrungen in unserem Leben, die in diesem Moment in unserem Alltag getan und gelebt werden wollen oder müssen. Wir entfremden uns durch Spiritualität weder dem Alltag noch anderen Menschen. Wahre Spiritualität führt gerade in den Alltag hinein und hilft, ihn zu gestalten.

Spiritualität ist keine Sonderwelt für »religiös Musikalische«, sondern die *Tiefendimension des Alltags.* Sie ist nicht das Gegenstück zu Rationalität und setzt auch den Verstand nicht außer Kraft, ergänzt ihn aber um eine unverzichtbare Dimension. Unverzichtbar darum, weil die negativen Folgen einer einseitigen und ausschließlichen Rationalität in allen Lebensbereichen offenkundig sind. Gerade darum sehnen sich viele Menschen nach spirituellen Erfahrungen, ohne deswegen kirchliche oder religiöse Dogmen übernehmen zu wollen. Wer spirituell leben will, muss sich auf keine Glaubenssätze festlegen. Spiritualität ist keine Engführung der Lebensmöglichkeiten, sondern erweitert im Gegenteil die eigenen Denk-, Sprach- und Handlungsgrenzen.

Wege und Zugänge zur Spiritualität

Wer sich unbefangen dem Thema Spiritualität in der Literatur nähert, wird möglicherweise schnell entmutigt, nicht nur weil die Zahl der Publikationen hierzu unüberschaubar geworden ist, sondern weil ständig andere Definitionen, Übungen, Empfehlungen und Wege angeboten werden, die sich zum Teil widersprechen.

Es sind in der Tat sehr *viele Wege und Zugänge* möglich, in die Erfahrung der Tiefendimension des Lebens zu kommen, etwa die Wege der christlichen Mystiker und Mystikerinnen wie z. B. Meister Eckhart oder Hildegard von Bingen, die spirituellen Wege anderer Religionen, beispielsweise die Zen-Meditation, in gewisser Hinsicht auch die Tiefenpsychologie und manche Bereiche der Esoterik, um nur einige zu nennen. Im Folgenden sollen einige dieser Zugangsweisen kurz vorgestellt werden, die für unsere weiteren Überlegungen grundlegend sind. Gleichzeitig werden damit auch bestimmte Begriffe eingeführt, die dann in den nächsten Kapiteln nicht wieder neu erläutert werden müssen.

Einer der zentralen Begriffe ist z. B. »Atmosphäre«, also das, was wir mehr oder weniger bewusst an Orten, in Räumen oder bei Feiern wahrnehmen, aber auch ganz alltäglich im Umgang zwischen Menschen.[13] Es kann eine feindselige, freundliche oder auch neutrale Atmosphäre vorherrschen. Der Philosoph und Phänomenologe Hermann Schmitz unterscheidet zwischen überpersönlichen, personengebundenen und religiösen Atmosphären. Einer seiner Kernsätze lautet: »Gefühle sind überpersönliche, räumlich ergossene Atmosphären, die als ergreifende Mächte Subjekte durch affektives, leibliches Betroffensein heimsuchen.«[14] Damit wendet er sich gegen die gängige Auffassung, Affekte hätten ihren Ursprung lediglich in der menschlichen Psyche. Auch wenn dieser Gedanke zunächst befremdlich erscheint, kann man den Wahrheitsgehalt, dass Gefühle und Stimmungen durch äußere Situationen ausgelöst werden und mit diesen korrespondieren, durch eigene Beobachtungen überprüfen. Manchmal bemerkt man z. B. schon beim Betreten eines Raumes, dass dort »dicke Luft« herrscht oder Trauer sich im Raum ausbreitet.

Aus einer anderen Perspektive nähert sich der Biochemiker Rupert Sheldrake dem Phänomen. Er spricht von morphischen und morphogenetischen Feldern, um damit auszudrücken, dass bestimmte Kräfte sich atmosphärisch übertragen und »formbildende Verursachung« für Strukturen sind, die sich in Biologie und Chemie, aber auch gesellschaftlich zeigen können. »Morphische Felder sind, wie die bekannten Felder der Physik, nichtmaterielle Kraftzonen, die sich im Raum ausbreiten und in der Zeit andauern. Sie befinden sich innerhalb und in der Umgebung des Systems, welches sie organisieren.«[15] Wie bei so vielen Denkmodellen handelt es sich auch hier um eine Hypothese, die wissenschaftlich umstritten ist, aber hilfreich sein kann, um spirituelle Phänomene zu erklären.

Ein zweiter Bezugspunkt ist die Transpersonale Psychologie. Sie weist auf die Beziehung zur Ganzheit, zum Grund allen Seins hin und würdigt damit das Religiöse und Spirituelle als ein Existential menschlichen Lebens. Die Einzigartigkeit des Menschen wird hier, ebenso wie seine transpersonale Verbundenheit mit etwas, das »höher« ist als er selbst, geachtet.[16] Damit versteht sich die Transpersonale Psychologie auch als eine Vermittlerin zwischen der traditionellen Psychologie, den unterschiedlichen spirituellen Ansätzen und den Weisheiten der Mystikerinnen und Mystiker. Der Arzt und Psychotherapeut Joachim Galuska etwa spricht vom transpersonalen Bewusstseinsraum, in den Therapeutin und Patientin in der therapeutischen Arbeit gemeinsam eintauchen, in Resonanz treten und aufeinander einwirken. Das ist in Teilen auch auf die Beziehung zwischen Erwachsenen und Kindern übertragbar, die in ihrem Zusammenleben immer wieder miteinander in Resonanz treten.

Drittens orientiert sich fast jede Art von Spiritualität an den Mystikerinnen und Mystikern. Sie zeichnen sich dadurch aus, dass sie zwar meist einer Religion angehören, sich aber mehr an deren Rändern aufhalten, weil für sie weder Dogmen und Lehrsätze noch der entsprechende Kult wichtig sind. Es kommt ihnen vielmehr darauf an, persönliche Gotteserfahrungen bzw. Erfahrungen des Göttlichen in apersonaler Weise zu machen und sich in Gebet, Meditation oder bestimmten spirituellen Übungen mit Gott, Christus, dem Absoluten oder den kosmischen Kräften zu verbinden, um deren Wirksamkeit und Wirklichkeit zu spüren und das Göttliche in irgendeiner Form zu »schauen«. Es gibt Mystikerinnen und Mystiker, die sich zu diesem Zweck von den alltäglichen Dingen fernhielten, aber ebenso andere, die bewusst weltliche Aufgaben wahrnahmen, z. B. in der Krankenpflege.

Schließlich und viertens beziehen wir uns auf die christliche Tradition. Dabei ist uns ein Schwerpunkt wichtig: Die Bibel spricht häufig von Gottes Kraft, ja von den Energien Gottes. Die Beschäftigung mit dem Glauben, ja das Glauben selbst hat nichts damit zu tun, bestimmte, auch schwer eingängige Inhalte (etwa die »Jungfrauengeburt«) für wahr zu halten, sondern im eigenen Leben spürbare Erfahrungen mit Gott zu machen. Antworten und Wirkungen des Glaubens zeigen sich also energetisch, z. B. in Form von Vertrauen, Trost, Zuversicht, Mut oder Hoffnung oder eben auch in der Kraft zum Bewältigen von Aufgaben. Es sind Energien, die immer schon in unserem Leben wirken, weil sie generell zur Schöpfung gehören. Religiöse Menschen beziehen sie auf Gott. Sie sind im streng physikalischen Sinne nicht messbar, gleichwohl aber erfahrbar. Alltagssprachlich reden wir z. B. ganz unbefangen von krimineller, zerstörerischer oder schöpferischer Energie. Die Wirkungen solcher Energien sind teilweise sogar dokumentierbar, bei Meditierenden etwa verändert sich die Hirnstromfrequenz. Das Göttliche dieser Energien (und manchmal auch »Teuflische« der destruktiven Energien) besteht darin, dass wir sie nicht »in den Griff« bekommen, dass sie nicht berechenbar sind (»Dein Wille geschehe«). Wohl aber sind sie gestaltbar: Negative Energien können entkräftet, positive gestärkt werden. In biblischen Geschichten werden diese Energien häufig personalisiert, um sie besser vorstellbar und teilweise auch ansprechbar zu machen, etwa in Form von Dämonen oder Engeln, wobei Letztere ja gerade darum bei vielen auch nichtgläubigen Menschen so beliebt sind, weil sie intuitiv als Symbole von Schutz- und Kraftenergien verstanden werden.

In der Alltagsspiritualität geht es darum, aufmerksam zu werden dafür, dass in allen Begegnungen, Räumen und Situationen energetische Kräfte (bis ins Körperliche hinein) spürbar und Lebensenergien wirksam werden.

Es gibt noch mehr und andere Zugänge zur Spiritualität. Das Entscheidende ist für uns, nicht einen bestimmten Weg oder eine ausschließliche Methode aufzuzeigen. Vielmehr ist es wesentlich, einen Weg, der einem einmal »begegnet« ist oder zu dem man sich aus welchen Gründen auch immer entschieden hat, konsequent für eine längere Zeit beizubehalten. Die ständige Suche nach neuen Methoden ist eher hinderlich. Kontinuität ist das Geheimnis der Wirkung, um herauszufinden, ob es *mein* Weg sein kann.

Glaube und Spiritualität

Es gibt keine Religion und keinen Glauben ohne Spiritualität, wohl aber Spiritualität ohne konfessionelle oder religiöse Bindung. In diesem Zusammenhang muss der Begriff Glaube noch etwas beleuchtet werden. Spiritualität und Glaube sind zwar verwandt, unterscheiden sich aber dennoch.

Das Wort Glaube leitet sich von *geloube* ab, in der Bedeutung »sich etwas lieb und vertraut machen«. In der »Verlobung« und im »angeloben« erkennt man es noch wieder. Worauf lasse ich mich ein und worauf gründet mein Vertrauen? Martin Luther hat es unüberbietbar gesagt: »Das, woran du dein Herz hängst, das ist dein Gott.« So gesehen gibt es gar keinen Unglauben, sondern nur wechselnde Objekte, auf die sich der »Glaube« richtet. Das können sehr irdische und auch banale Dinge sein, wie z. B. Geld oder Statussymbole. Aber jedes dieser Objekte wird insofern tatsächlich zu einem »Gott«, als man sich von ihm Glück und Lebenssinn erhofft. Der Begriff Glaube beinhaltet also ein genaues Hinsehen auf das, was unbedingtes Vertrauen verdient und eben keine Blindheit. Ebenso ist es beispielsweise mit biblischen Geschichten. Sie wollen nicht geglaubt werden, weil der Verstand sie nicht fassen kann, sondern wer ihnen vertraut, macht ähnliche Erfahrungen wie die Menschen, von denen die Geschichten erzählen bzw. die sie überliefert haben.

Damit sind wir bei einem weiteren Punkt, der Erfahrung. Ohne sie kommt kein Glaube, keine Religion aus. Der Glaube nimmt seinen Ausgang bei einer tradierten Erfahrung, lässt sich auf sie ein und macht früher oder später ähnliche Erfahrungen, was wiederum den Glauben stärkt. So haben z. B. Generationen von Menschen mit dem Psalm 23 (Der Herr ist mein Hirte, mir wird nichts mangeln …) die Erfahrung gemacht, dass auch im »finsteren Tal«, wie immer es erlebt wird, eine schützende Macht sie wieder »zum frischen Wasser und auf eine grüne Aue« geleitet hat.

Religiöse Aussagen enthalten Dynamiken und Energien, die im Nachvollzug freigesetzt werden und zum Teil auch unmittelbar erlebt werden können. Der Glaube beinhaltet also immer eigenes Erleben jenseits vorgegebener Lehraussagen. Nicht jeder Mensch kann, wird und muss alles erleben, was tradiert ist. Wer dem Glauben allerdings skeptisch gegenübersteht, sollte die Grenzen des Erfahrbaren nicht zu eng setzen und vor allem nicht die eigenen Maßstäbe verabsolutieren. Es gibt aber eine Spiritualität, die auf den Glaubensbegriff ganz verzichtet, ohne dabei eine transpersonale Dimension auszuschließen, etwa bei Ken Wilber oder in der buddhistischen Spiritualität.[17]

Kinder sind oft jenseits der Vorgaben ihrer Glaubensgemeinschaft recht unbefangen, wenn beispielsweise in einem christlichen Kindergarten bei religiösen Festen auch Kinder einer anderen Konfession oder sogar Religion mitfeiern. Früher oder später aber werden sicher die meisten Eltern mit den Fragen ihres Kindes konfrontiert: »Haben alle denselben Gott? Woher weiß man überhaupt, dass es Gott gibt?« Eltern werden diesen Fragen wohl am ehesten gerecht, wenn sie erzählen, warum einem der eigene Glaube wichtig ist, dass andere Menschen aber auch andere Erfahrungen gemacht haben können. Die Tatsache, dass jede Glaubensgemeinschaft ihre eigenen Lehrsätze und Bekenntnisse entwickelt hat, ist zur Orientierung und Stabilisierung der eigenen religiösen Identität wichtig, wie ja auch jede Familie ihre eigenen Grundsätze und Normen aufstellt, ohne sie anderen aufzwingen zu wollen. Nur wer in Struktur und Verbindlichkeit lebt, kann Achtung und Respekt für andere Lebensweisen aufbringen.

Rituale

Im Gegensatz zum Glaubensbegriff kommt keine Spielart von Spiritualität ohne Rituale aus. Der Tiefenpsychologe C. G. Jung, der die spirituelle Dimension vieler Kulturen erforscht hat, schätzte Rituale sehr, weil sie Sinn stiften, Kräfte aktivieren, Angst mildern und insgesamt eine heilende Wirkung auf den Menschen haben.

33

Der Literaturwissenschaftler Ingwer Paul bezeichnet sie als »Wirklichkeitsmaschinen«[18], weil sie Realitäten schaffen. Auch ist es erstaunlich, dass sich zahlreiche Rituale oft über Jahrhunderte und Jahrtausende erhalten haben. Zudem finden offensichtlich viele Menschen immer wieder Hilfe und Trost, wenn nach Katastrophen oder dem plötzlichen Tod bekannter Menschen in (gottesdienstlichen) Ritualen eine Dimension jenseits des Alltäglichen eröffnet wird, in der mehr zum Ausdruck kommt als das, was ohnehin schon alle wissen.

Rituale sind keine willkürlichen Attribute des Religiösen, sie lassen sich nicht beliebig konstruieren, sondern beruhen auf nachvollziehbaren Wirkungszusammenhängen, die man kennen muss und die über lange Zeit gewachsen sind und ihre Wirkung entfaltet haben. Wenn wir sie nicht mehr alle nachvollziehen können, spricht das nicht unbedingt gegen ihre Wirkkraft, sondern eher dafür, dass wir den Kontakt zu diesen Kräften verloren haben oder ihren Nutzen nicht erkennen können. Man sollte sich darum nicht zu vorschnell von Ritualen verabschieden, die man nicht versteht, denn auch alte Rituale können unerwartet wieder große Kraft entwickeln. Es war z. B. lange Zeit verpönt, Kindern und Jugendlichen in Gottesdiensten die Hände zum Segen auf den Kopf zu legen, weil es als übergriffig empfunden wurde. Vielfach wurde darum auf den Segen ganz verzichtet. Es waren schließlich die Eltern selbst, die den Wunsch äußerten, dass ihre Kinder im Schulanfängergottesdienst den Segen leiblich erfahren sollten. Sie gingen, ohne es genau begründen zu können, zurecht davon aus, dass auf diese Art eine Kraftübertragung stattfindet. Und auch für Nichtglaubende ist es beispielsweise hilfreich und beruhigend, wenn jemand einem Sterbenden die Hand hält und das Vaterunser spricht oder ein Lied singt.

Für jeden Menschen ist es wichtig, auf die Welt und das Leben mit einem gewissen Maß an Urvertrauen zuzugehen. Worauf sich dieses Vertrauen gründet, mag von Person zu Person unterschiedlich sein, aber das Gefühl, nicht allein zu sein und trotz Krisen, Krankheit und Gefahren seinen Weg gehen zu können, erschließt sich zum einen durch die Kraft der Rituale und zum anderen durch die bergende und bejahende Atmosphäre der Eltern und Erzieher.

Spiritualität im Alltag – wie wirkt was?

Kurz gesagt ist Spiritualität eine Haltung. In diese Haltung, in der eine allmähliche Annäherung an die göttlichen oder transpersonalen Wirkkräfte möglich wird, gerät man unter anderem durch regelmäßiges Befolgen von Gebetszeiten, Körperübungen, Meditation, Ritualen, Gottesdienstbesuch usw. Spiritualität ist, auch wenn es merkwürdig klingen mag, in gewisser Weise ein (lernbares) »Handwerk«, bei dem man sich mit Ritualen, Situationen und Atmosphären nicht nur auskennen, sondern diese auch einüben bzw. erfahren muss, weil Spiritualität ganzheitlich gelebt wird. Da die meisten Erziehenden aber dazu weder Zeit noch genügend Anleitung haben oder sich nicht als religiös verstehen, stellen wir hier eine Form vor, die allen zugänglich ist: die Spiritualität des Alltäglichen, die wir im Folgenden Alltagsspiritualität oder Spiritualität im Alltag nennen. Auch diese Form von Spiritualität bedarf gewisser Übungen und Rituale, aber meist ergeben sie sich aus den Alltagszusammenhängen von selbst. Uns ist es wichtig, sie wieder stärker ins Bewusstsein zu holen, und vielleicht kann sich aus diesen Überlegungen in der einen oder anderen Familie oder Kindertagesstätte ein bewussterer Umgang mit Alltagsphänomenen in Form von Ritualen oder Übungen ergeben.

Alltagsspiritualität, wie wir sie verstehen, beginnt zunächst also ganz schlicht mit der Wahrnehmung dessen, was wir alltäglich vorfinden. Der Theologe Christian Möller spricht in diesem Zusammenhang von der »Leidenschaft für den Alltag«[19], und der Religionspädagoge Fulbert Steffensky, skeptisch gegen die »Aufblähung der Spiritualität«, hat das Wort »Schwarzbrot-Spiritualität«[20] geprägt. Es sind die scheinbar oft nebensächlichen oder kaum reflektierten Ereignisse und Situationen des Alltags, die hier in den Blick kommen. Und gerade sie werden daraufhin befragt, welche Energien, Atmosphären, formbildenden und transpersonalen Kräfte sich in ihnen zeigen, die aber nicht nur für Glaubende oder Eingeweihte erfahrbar sind, sondern für jeden, der seine Wahrnehmung ein wenig schärfen möchte.

Menschen befinden sich immer schon im Machtbereich unterschiedlicher Kräfte und Energien und werden von ihnen beeinflusst (Ärger, Freude, Liebe, Trauer, Glück, Geborgenheit). Diese Kräfte und Atmosphären können daraufhin befragt werden, welche positiven oder negativen Energien sich in ihnen zeigen. Somit hat Alltagsspiritualität viel mit Wahrnehmung und Erspüren zu tun, und eine Leitfrage wird immer wieder sein: »*Was passiert da eigentlich?*« Was geschieht, wenn ein Kind weint und trotzt? Wie kommt es, dass Ruhe und Frieden einkehren? Welche Bedingungen braucht es dazu? Wie lassen sich Konflikte angemessen lösen?

Wo Energien und Kräfte wirken, entsteht eine Atmosphäre, von der wir wiederum beeinflusst werden. Sie ist ebenso wenig messbar wie die Energien, aber bis ins Körperliche hinein spürbar: Trauer drückt zu Boden, Freude lässt uns in die Luft springen. Die Phänomene einer nicht sichtbaren und nicht-alltäglichen Ebene sind im Alltag erlebbar und strukturell nachvollziehbar (Handlungslogik und Wirkungslogik). Sie folgen bestimmten Gesetzmäßigkeiten, die als universell, kosmisch oder göttlich bezeichnet werden können und keinen Widerspruch zur Vernunft darstellen. Es sind deutbare Lebensgesetze, die der Schöpfung eingeschrieben sind wie die physikalischen Gesetze auch und die generell nicht anders funktionieren als z. B. die Rhythmen von Tag und Nacht, Sommer und Winter, Geburt und Tod, Einatmen und Ausatmen, Nahrungsaufnahme und Ausscheidung.

Wer ein wenig mit den Lebensgesetzen und -energien vertraut ist, braucht für den Umgang mit seinen Mitmenschen keine Methoden und Strategien, keine vorgefertigten Antworten von Fachleuten und ohnehin nicht bei jedem Problem die Hilfe von Spezialisten. Wir sind von Natur aus mit allem ausgestattet, was wir für die Lebensführung brauchen, aber unser Sensorium dafür ist oft verkümmert, oder wir sind verunsichert angesichts immer neuer gesellschaftlicher und wissenschaftlicher Herausforderungen, Analysen und Ratschläge. Darum ist es so wichtig, die seelischen Selbstheilungskräfte wiederzuentdecken, bei sich und anderen, in der Gruppe oder alleine. Das hilft uns und unseren Kindern, über den Tellerrand des Augenblicks hinauszusehen und »langfristiger« zu werden.

Energien und Kräfte wirken auf mehreren Ebenen: auf der Körperebene, die entsprechend reagiert (manchmal mit Krankheit, ein anderes Mal mit neuer Vitalität), auf der Gefühlsebene und auf der Verstandesebene, die uns oft signalisiert, dass unsere Reaktionen falsch sind, wir aber dennoch nicht immer gegensteuern können. Achtsamkeit und Rücksichtnahme, Höflichkeit und Hilfsbereitschaft beispielsweise sind nicht nur Werte, sondern zeichnen sich dadurch aus, dass sie einen Wirkbereich entfalten, der Folgen hat. »*Was wirkt wie?*« ist darum unsere erkenntnisleitende Fragestellung. Spiritualität ist also nicht in erster Linie Vermittlung von Wissen, sondern Ermittlung und Erfahrung geheimnisvoller Schätze des Lebens. Wichtiger als ein konkretes, fragloses Informationswissen ist hier die Bedeutung der Einstellung und Reaktion auf das, was sich im Lebensvollzug zeigt. Bestimmte Handlungen haben in der Regel bestimmte Folgen. Wir können diese Lebensgesetze missachten, aber nicht außer Kraft setzen. In den nächsten Kapiteln werden wir uns auf die Suche nach einigen solcher Gesetzmäßigkeiten begeben, die das Zusammenleben von Kindern und Erwachsenen betreffen. Die Suche nach diesen (Lebens-)Ordnungen und ihr bewusstes Wahrnehmen können neue Perspektiven in ausweglosen Situation aufscheinen lassen und helfen, bei schwierigen, überraschenden oder schmerzhaften Lebensereignissen damit zu rechnen, dass es noch mehr gibt als das, was im Moment sichtbar und erfahrbar ist.

Das Grund- und Urvertrauen in das Leben hängt auch davon ab, ob die Lebensordnungen als verlässlich erkannt und erfahren werden und daraufhin das Leben »gewagt« wird. Aber wie wir immer wieder leidvoll erleben müssen, bleibt das Leben dennoch grundsätzlich unberechenbar und auch ungesichert. Damit wollen wir uns nur schwer abfinden, und wir haben schnell Schuldzuweisungen bereit. Dennoch leben viele Menschen in der unerschütterlichen Gewissheit und Erfahrung, dass weder Hohes noch Tiefes sie aus der Hand und Güte Gottes reißen kann, und sie zeigen, dass gelingendes Leben immer wieder möglich ist.

Das Leben fließt – Alltagsmetaphern
Das Leben fließt – pantha rei[21]. Manchmal zerfließt es uns unter der Hand, ein anderes Mal gerät es ins Stocken, weil wir durch private oder berufliche Umstände vor immer neuen Hürden stehen.

Ein gesunder Lebensfluss zeichnet sich dadurch aus, dass etwas zu- und wieder abfließen kann. Das gilt körperlich, seelisch wie auch im sozialen Miteinander. Zufließen soll etwas, das unsere Lebenskräfte stärkt: Liebe beispielsweise oder Energie; abfließen soll das, was sie hemmt: Ärger oder Streit. Besonders deutlich wird dieser

Vorgang beim Weinen: Kummer und Trauer (manchmal aber auch kaum zu ertragendes Glück) fließen ab und schaffen Raum für neues Erleben. Wie auf vielfältige Weise neue Lebenskraft zufließen und Negatives abfließen kann, zeigen wir an verschiedenen Beispielen. Wir werden eigentlich in jedem Moment unseres Lebens beeinflusst, sei es durch das Wetter, den Ärger mit Menschen, die Krankheit eines Angehörigen, aber auch durch die Liebe zu jemandem. Wie der Ausdruck »Einfluss nehmen« zeigt, geht es dabei auch um Macht. Jeder Einfluss ist so gesehen ein Kanal für positive oder negative »Mächte«, in deren Bereich wir uns dann jeweils befinden. Manchem mag diese Personalisierung von Phänomenen, die sich natürlich auch psychologisch deuten lassen, befremdlich vorkommen. Begeben wir uns damit auf vorwissenschaftlichen Boden? Darauf ist zu sagen, dass sich eine Reihe von Redewendungen erhalten hat, die sich solcher Personalisierung bedient: »Was hat dich denn gestochen, wer hat dich denn geritten? Bist du von allen guten Geistern verlassen? Was ist in dich gefahren?« Und wenn sich z. B. jemand nicht in den Fluss von Argumenten einfügt, sondern bei einer durch Fakten nicht unterfütterten Behauptung bleibt, halten wir ihn für »verstockt«, er hat sich auf etwas »versteift«.

Die personalisierte Ausdrucksform ist empathisch, will nicht erklären, sondern klären, nicht in bekannte Kategorien einordnen, sondern das Leben durch »Lebendiges« verstehbar machen, damit wir wieder im »Einklang« sind. Auch dies ist eine Alltagsmetapher, die ausdrückt, dass wir uns im Leben »Harmonie« wünschen und mit den positiven Aspekten »mitschwingen« möchten. Hier werden also musikalisch-physikalische Kategorien, die wissenschaftlich durchaus erklärbar sind, bewusst metaphorisch benutzt. Erst dadurch »spricht es mich an«. Die Rationalität wird also keineswegs außer Kraft gesetzt, sondern in Alltagssprache und -erleben übersetzt.

So geht es uns in unseren Überlegungen metaphorisch gesprochen auch darum: dass scheinbar taube Ohren wieder erwachen, weil sie etwas zu hören bekommen, was ihnen gut tut, dass die Seele als Ort innerer Führung begriffen wird, die die Intuition schärft und damit Freiheit von äußeren Meinungen und Urteilen ermöglicht.

Welchen »Nutzen« könnte es haben, sich auf Spiritualität einzulassen?

Jede/r, der oder die spirituell unterwegs ist, wird es bestätigen, dass der Umgang mit Spiritualität ein Gewinn für die Lebensgestaltung ist. Es gibt zahlreiche und hinreichende Belege z. B. für den gesundheitlichen Wert des Gebetes oder die Stressreduktion durch Meditation. Aber: Wer sich auf dieses Gebiet nur mit der Absicht nach einem messbaren Effekt begibt (»Meditation macht ruhiger«, »Mantras zu singen macht intelligenter«), gerät in die gleiche Nutzenfalle wie diejenigen, die ihr Kind Geige spielen lassen, weil das den schulischen Leistungen zugutekommen soll.

Der »Nutzen« wird sich einstellen, doch eher beiläufig, als eine Folge, die nicht berechenbar ist. Und er wird gerade dort kommen, wo man den Dingen ihren Eigenwert lässt und die Lebensphänomene nicht für eigene Absichten instrumentalisiert. Die Auffassung »Spiritualität ist gut für Kinder« wird, wenn sie isoliert von der eigenen spirituellen Entwicklung gesehen wird, nur einen Bruchteil der Möglichkeiten realisieren können. Zudem geht es hier um einen kontinuierlichen Wachstumsprozess, der sicher auch immer mal wieder durch Phasen der Entmutigung, der Rückschläge und des Überdrusses gekennzeichnet ist. Und es geht auch darum, die eigene Lebensgestaltung nicht anderen zu überlassen. Wir sind täglich einer Überfülle an Informationen, Meinungen und Atmosphären ausgesetzt, die Macht über uns haben und auch haben wollen. Wenn wir das alles schutzlos und ungefiltert in uns hineinlassen, werden wir über kurz oder lang fremdbestimmt.

Mit einer geschärften Intuition und größerer Klarheit fällt es leichter, sich von diesen Einflüssen auch wieder zu distanzieren. Spiritualität ist nicht einfach nur Wellness für die Seele. Zwar hat sie durchaus spielerischen und wohltuenden Charakter, aber auch sehr großen Ernst, denn es geht nicht zuletzt um die Frage, was unserem Leben und Sterben, den Schicksalsschlägen, Krankheit und Abbrüchen Sinn und Halt gibt und welchen Mächten wir uns und unsere Kinder anvertrauen wollen. Insofern ist sie auch Arbeit, die ohne eine gewisse Disziplin und Konsequenz nicht zu leisten ist bzw. keine Wirkung zeigt. Letztendlich gilt aber hier wie auf allen Lebensgebieten: Man kann viele Fehler machen, aber nichts falsch! Es gibt spirituelle Lehrer, die ihre Praxis ausdrücklich als »einen Fehler nach dem anderen machen« beschreiben, um damit auszudrücken, dass jeder »Fehler« im Grunde eine Herausforderung ist. Durch Versuch und Irrtum können wir wachsen und reifen, wenn wir uns dem Anruf des Lebens nicht entziehen. Es bleibt den Praktizierenden überlassen, wie intensiv und wie weit sie sich auf dieses spannende Feld einlassen bzw. es mit ihren Kindern gemeinsam leben und ihnen nahe bringen und einüben wollen.

Es ist aus anderen Gebieten wie dem Sport, der Musik und vielen Fertigkeiten bekannt, dass sich Neues erst durch Übung und Wiederholungen festigt. Aus der Hirnforschung wissen wir, dass durch diese Kontinuität neue Nervenverbindungen geschaffen werden. Hierin ist auch begründet, warum bestimmte Rituale nicht ständig verändert werden sollten. Natürlich können sich Varianten ergeben, die dann aber schon auf der Wirkung eines bestimmten, bereits eingeschlagenen Weges beruhen.

Spiritualität als Schatzsuche

Wir werden im Leben ständig mit Problemen und Irrtümern konfrontiert. Spiritualität will nicht dazu verhelfen, sie unter allen Umständen zu vermeiden, sondern sie als Entwicklungsmöglichkeiten zu verstehen und achtsam mit unserem Leben umzugehen.

Auf das Zusammenleben mit Kindern bezogen, ist spirituelles Leben sowohl eine gemeinsame Suche als auch ein Finden von noch unentdeckten Lebensschätzen. Die entscheidende Frage ist hier: In welcher Weise und mit welcher Haltung nehmen wir das einzelne Kind und uns selbst in dieser konkreten Situation wahr und stellen uns darauf ein? Dazu ist es notwendig, wieder zu lernen, genauer und intuitiver, sozusagen mit dem dritten Auge und dem dritten Ohr, wahrzunehmen und zu beobachten. Wer auf seine innere Stimme hört und auch gelernt hat, ihr zu vertrauen, wird unabhängiger werden von dem, was äußere Stimmen (seien es Experten, Medien oder die gerade angesagte Meinung) vorgeben. Sehen und Hören – und im wahrsten Sinne des Wortes »gehorsam« zu werden –, ist in diesem Sinne eine grundlegende Aufgabe der Erwachsenen.

Wie können wir unsere Sinne schärfen, um zusammen mit Kindern zu entdecken, wie der Alltag mit all seinen schönen und weniger schönen Anteilen »spirituell aufgeladen« ist? Nichts ist zu gering, als dass es nicht daraufhin befragt werden könnte, was sich darin außer den nüchternen Fakten sonst noch zeigt. Wenn die Leiterin eines konfessionellen Kindergartens auf die Frage, worin sich das

Christliche der Einrichtung zeige, antwortet, man hielte wöchentlich eine Andacht, dann ist das genau eine »Spiritualität«, die wir nicht meinen. Nichts gegen eine Andacht, aber der Bezug zu Gott und der Schöpfung kann und muss täglich, ja stündlich wiederentdeckt werden, ohne dass diese Entdeckungen pausenlos mit religiösem Vokabular versehen werden.

Spiritualität ist etwas Natürliches, so kann sie auch gelebt und vermittelt werden. Diese Herangehensweise könnte man am ehesten »mystagogisch« nennen.[22] Mystagogik (Mystagogie) ist die Einführung in das Mysterium, also in das Geheimnis der menschlichen Existenz (z. B. in die Beziehung zu Gott oder der Schöpfung). Es geht darum, eine Heimat zu finden, nicht nur in den äußeren Gegebenheiten des Wohnortes, des Hauses usw., die ja immer der Veränderung unterworfen sind, sondern auch in einem Geheimnis, das einerseits unverfügbar, andererseits aber nicht rätselhaft ist, sondern immer wieder neu erfahrbar und interpretierbar bleibt. Wir sind der Meinung, dass ohne dieses Mysterium eine Lebensdimension fehlt, ja, dass man Kinder geradezu betrügt,[23] wenn sie in ihrem Leben nicht vorkommt. Die Mystagogik ist diesbezüglich ein Teilaspekt von Spiritualität, eine Art ihrer Vermittlung. Im weiteren Verlauf des Buches wird «Gott« oder »Christus« nicht immer ausdrücklich erwähnt. Gott, das Göttliche und das Christliche kommen nicht in erster Linie dadurch ins Spiel, dass man sie möglichst oft nennt. Vielmehr geht es um die Grundhaltung, in der Göttliches mitschwingt.

Spirituell beheimatet zu sein ist eine wichtige Basis, um mit unseren eigenen Kindheitsverletzungen, Traumata und unverarbeiteten Konflikten umgehen bzw. sie heilen zu können. Gerade Erziehende, aber nicht nur sie, müssen sich auch immer wieder ihrer eigenen Schattenseiten bewusst werden. Und auch negative Erlebnisse mit dem Glauben oder der Kirche können im spirituellen Vollzug ihren Frieden finden. Selbsterziehung, Persönlichkeit und Erziehung anderer sind nicht zu trennen. Im Leben hat alles seine eigene Dynamik, eigene Gesetze und eigene Energien. Aber auch: eigene Verheißungen und Glücksmomente, wenn wir uns vertrauend auf das einlassen, was das Leben uns an einem Tag schenkt und an einem anderen Tag zumutet. In diesem Sinne könnte es sein, dass das »alte spirituelle Wissen« für unsere komplizierten Lebensverhältnisse moderner ist, als wir ahnen.

Bei den weiteren Überlegungen lassen wir uns von folgenden Gedanken zur Alltagsspiritualität leiten, die wir in zehn Kernfragen zusammengefasst haben. Es sind natürlich Fragen, die zuerst an uns Erwachsene gerichtet werden. Von der Art aber, wie wir sie für uns selber beantworten, hängt der Umgang mit unseren Kindern und untereinander ab.

Zehn Kernfragen zur Spiritualität

1. Was ist mir im »heilig« im Leben?
2. Woran hängt mein Herz? Worauf kann ich unter keinen Umständen verzichten?
3. Wovor habe ich Respekt und Ehrfurcht?
4. Habe ich ein Grundgefühl von Vertrauen, Zuversicht und Beheimatung?
5. Wie erlebe ich Gemeinschaft, Zugehörigkeit und All-Verbundenheit mit Menschen und dem Kosmos?
6. Empfinde ich Dankbarkeit und wie äußere ich sie?
7. Wie gehe ich mit Fehlern und Schuld um?
8. Habe ich ein Bewusstsein für meine Verantwortung? Merke ich, wann *ich* gemeint und gefragt bin im Leben und wie verhalte ich mich dazu?
9. Erfahre ich Hoffnung auch da, wo ich angesichts der Lebensumstände machtlos bin? Was gibt mir dann Halt und Trost?
10. Wie ist mein Umgang mit Grenzen? Nehme ich sie wahr und akzeptiere ich sie?

Teil 2
Große Kraft in kleinen Dingen –
fünf Bereiche einer
Spiritualität im Alltag

Die meisten Menschen haben den Wunsch, mit positiven Energien, Kraftfeldern und Atmosphären in Kontakt zu kommen und von ihnen erfüllt zu werden. Diesen Kontakt nennt man auch Resonanz. Sie ist zunächst ein physikalisches Phänomen. Wenn wir in Resonanz mit etwas gehen, schwingen wir in der gleichen Frequenz. Im Alltag merken wir nicht immer früh genug, dass wir, wenn wir z. B. mit einem ärgerlichen Menschen in Resonanz treten, uns dabei »anstecken« und selbst von Ärger erfüllt werden. Umgekehrt zeigt uns das Sprichwort »geteilte Freude ist doppelte Freude«, dass wir an einer positiven Stimmung teilhaben können, wenn wir mit ihr in Resonanz gehen.

Gelingendes Zusammenleben hat viel damit zu tun, womit wir in Resonanz sind und welche Resonanzräume wir entstehen lassen. Der ehemalige Direktor am Max-Planck-Institut für Experimentelle Medizin, Friedrich Cramer, hat ein Werk zur allgemeinen Resonanztheorie vorgelegt. Er geht davon aus, dass die Welt nicht »existiert«, sondern sich ereignet.[24] So können unter geeigneten Bedingungen alle schwingenden Systeme, wie Atome, Moleküle, unsere Organe, das Gehirn, die Hormone, aber auch Personen und Gesellschaften, miteinander in ein lebendiges Wechselverhältnis treten. Cramer spricht von einer Weltresonanz, in der der Kosmos mit seinen schwingenden Teilen in ein lebendiges Zusammenspiel eintritt. Der Begriff Resonanz ist aus der Musik und der Physik allgemein bekannt, kann sich aber nach Cramer auch auf Jahreszeiten, Ernährung, Krankheit, Spiel, Liebe, Gott und die Welt beziehen. Im spirituellen Resonanzgeschehen geht es darum, sich in Prozesse und Atmosphären einzuschwingen, die eine positive Wirkung zeigen. Umgekehrt gilt es, die Resonanz mit dem Negativen zu meiden.

In den folgenden Kapiteln wollen wir mit Räumen, Situationen und den kleinen Dingen des Alltags in Resonanz gehen und sie daraufhin befragen, was sich dabei ereignet.

Bei allen hier dargestellten Grundlagen geht es nicht zuletzt darum, wieder »natürlicher« zu leben. »Natürlich« wird hier einerseits verstanden als eine gewisse Selbstverständlichkeit, mit der wir uns den Herausforderungen des Lebens und des Erziehens stellen: »Das ist jetzt erst mal so, und wir schauen, wie wir damit umgehen können«, ist die unaufgeregte Bestandsaufnahme von kritischen Situationen, die nicht »vom Himmel fallen«, sondern Teil unserer

Geschöpflichkeit sind. Man könnte auch sagen, wir müssen in manchen Augenblicken nüchtern sein, frei von Einflüssen, die unsere Entscheidungsfähigkeit negativ beeinflussen. Andererseits aber ist »natürlich« durchaus wörtlich zu verstehen. Wenn wir in Kontakt mit der Natur allgemein und mit unserer menschlichen Natur im Besonderen sind, geraten Dinge oft von selbst wieder in Balance, und zwar ohne äußere Interventionen.

Spirituell zu leben heißt, diese Balance in allen Lebensbereichen zu suchen und zu fördern, gerade auch in den Polaritäten von Schmerz und Glück, Tod und Leben, Mangel und Überfluss. Alles tendiert zu einem Ausgleich, wie jeder weiß, der ein Geschenk bekommen hat. Geschenke und Gegengeschenke, Geben und Nehmen, Streiten und Sich-Versöhnen, Niederreißen und Aufbauen, Geborenwerden und Sterben – alles hat seine Zeit, seine Bedeutung und seine Dynamik.

Räume und Ortswechsel

Alles Leben spielt sich in Raum und Zeit ab. Präziser müsste man sagen, dass auch die Zeit ein Raum ist. Wir leben in Zeiträumen, und wir leben in Wohnräumen. Da es aber auch, wie unsere Sprache es ausdrückt, raumgreifende Personen gibt, die mit ihrem Auftreten viel Raum beanspruchen, ist es durchaus sinnvoll, auch von Sprachräumen und Leibräumen zu sprechen. Alle diese und noch andere bilden unseren Lebensraum. In der Regel durchdringen sich diese Räume und korrespondieren miteinander. All diese Räume haben seine eigene Atmosphäre, die jederzeit wechseln kann und die sich oft auch »überträgt«.

Jeder hat wahrscheinlich schon einmal eine Wohnung betreten und ohne sonstige Informationen oder Hinweise gespürt, dass »dicke Luft« herrschte. Auch Trauer »breitet sich aus« und »drückt nieder«. Es kann aber auch ein »guter Geist« walten. Freude wiederum wirkt »ansteckend« oder »beflügelnd«.

Wir befinden uns ständig in Wohn-, Leib-, Sprach- oder Zeiträumen, deren Qualität wir nicht immer bestimmen können. Wir spüren aber sehr genau, dass sie uns positiv oder negativ beeinflussen, uns mit Energie versorgen oder sie rauben. Alltagsspiritualität, wie sie hier dargestellt wird, hat ihren Kern darin, sensibler für diese Räume und ihre Atmosphären zu werden. Diese Sensibilität verhilft zu einer verfeinerten Wahrnehmung dessen und Achtsamkeit für das, was »in der Luft liegt«.

Um in unserer »Risikogesellschaft«[25] auch emotional überleben zu können, braucht es, gerade auch für Kinder, Orte und Räume der Verlässlichkeit und Geborgenheit, des Rückzugs, der Klarheit und Reizreduzierung. Alltagsspiritualität kann dabei zugleich ein beschützendes Dach und ein stabilisierendes Fundament des Lebensraumes werden.

Was geschieht in einer bestimmten Situation und in einem bestimmten Raum? Was wirkt wie unter welchen Umständen? Welche Kräfte und Energien sind wirksam und wie lassen sie sich gestalten? Wie können wir z. B. die Raumsprache verstehen lernen und

Räume so arrangieren, dass sie eine Atmosphäre des Lebendigen vermitteln? Im Folgenden sollen einzelne dieser Situationen und Räume unter der Frage nach den Wirkungszusammenhängen betrachtet und »betreten« werden.

Wohnräume

Menschen leben in Wohnungen der unterschiedlichsten Art. Sie wohnen allein oder gemeinsam, mit viel oder wenig Außenkontakten, mit oder ohne Tiere, Pflanzen und Gärten, in der Stadt oder auf dem Land.

Eine Wohnung wird bezogen, bewohnt, wieder verlassen. Beim Einzug wird eine Wohnung eingeweiht, z. B. durch eine Party; Wünsche und Hoffnungen werden ausgesprochen, manchmal ein Kreuz über der Tür angebracht. Beim Auszug sollte ein Ritual ebenfalls nicht fehlen, das z. B. den Dank für die dort gemeinsam verbrachte Zeit beinhalten kann. Wer eine Wohnung bezieht, reinigt sie zunächst von den Spuren der Vorbesitzer. Man möchte deren Atmosphäre und ihre Schwingungen in der Regel nicht mehr wahrnehmen – oder aber sie aus bestimmten Gründen auch konservieren: Als der Dirigent Simon Rattle die Berliner Philharmoniker übernahm, sagte er, man spüre noch den Klang von Generationen vor ihm in dem Raum. So sensibel ist nicht jeder, trotzdem wollen wir unsere eigenen »Duftmarken« setzen. Manche Bewohner hängen zuerst persönliche Fotos auf. In vielen katholischen Familien gibt es in der Wohnung ein Weihwasserbecken. Das gesegnete Wasser kann mit einem Gebet in die Ecken (vier Himmelrichtungen) gesprengt werden. Andere Menschen bevorzugen ein bewusstes Lüften des Raumes. Es gibt die Möglichkeit, mit wohlriechenden Essenzen zu räuchern oder in einer Duftlampe ein besonderes Öl zu erhitzen.

Jede Wohnung bekommt so ihre eigene Atmosphäre und wirkt entsprechend. Es ist immer ein wechselseitiger Prozess. Womit wir uns umgeben und womit unsere Kinder aufwachsen, hat große Auswirkungen. Wohnungen (Kindergärten, Schulklassen, Sozialräumen) sind prägende Einflussbereiche, so wie wir sie gestalten, gestalten sie auch uns. Welche Bilder beispielsweise bzw. welche Kunst, hängt an den Wänden? Ganz sicher haben Eltern ein Recht auf ihren eigenen Geschmack. Was aber, wenn ein Kind ein bestimmtes Bild schrecklich findet? Es verfügt noch nicht über die rationalen Kriterien der Erwachsenen und nimmt manches einfach nur mit Unwohlsein oder mit Behagen wahr.

Auf solche Empfindungen der Kinder zu achten und ihnen nachzugehen, ist schon ein Teil von spiritueller Wahrnehmung. Das soll weder heißen, dass überall liebliche Blumenbilder oder gar Mickey-Mäuse hängen müssen. In falsch verstandener Kindgerechtheit werden oft Gegenstände ins Zimmer gehängt, von denen die Erwachsenen glauben, dass Kinder sie schön finden. Aber auch manches, was ästhetisch wertvoll sein mag, kann negative Auswirkungen zeigen und energetisch schlecht sein. Darum sollten Erwachsene auch nicht für Kinder Räume gestalten, sondern mit ihnen. Das kann ein sehr bewusster gemeinsamer Vorgang des Nachsinnens, Vergleichens und der Auseinandersetzung mit dem sein, was sich das Kind sich vorstellt. Hierbei kommt es nicht darauf an, eine künstlerisch ausgewogene Kinderzimmergestaltung zu arrangieren, auch Kitsch hat manchmal seinen Ort, seine Zeit und seine Berechtigung. Wichtig ist, dass das Kind sich wohl fühlt. Zur Einstimmung könnte es eine Hilfe sein, erst einmal alleine, dann auch mit dem Kind nachzuspüren, wo jeder sich in der Wohnung besonders wohl fühlt, welche Ecken eher unangenehm sind, was ein Raum vielleicht noch an Ausstattung, Dekoration oder Blumen benötigt. Jede/r hat eigene Vorlieben und Sehgewohnheiten, und es gilt, diese auch bei Kindern zu respektieren.

Erinnerungsstücke aus der Familie oder dem Urlaub setzen Geschichten frei – und das ist ein weiteres Kriterium: Hat die Wohnung insgesamt etwas zu erzählen? Oder ist alles eher funktional bzw. repräsentativ und nach dem neuesten Design eingerichtet? Man mag einwenden, die Kinder hätten ja einen eigenen Raum zur Gestaltung. Aber überall, wo Kinder sich aufhalten, sind sie auch entsprechenden Einflüssen ausgesetzt.

In vielen Häusern der Alpenländer ist in einem Zimmer der »Herrgottswinkel« mit Kruzifix, Blumen und einem Heiligenbild zu finden. Es spricht manches dafür, sich seinen eigenen »Altar« zu gestalten, der religiös sein, aber auch aus Erinnerungsstücken, Steinen, Funden aus der Natur u. Ä. bestehen kann. Ein solcher Ort kann gerade für Kinder, aber auch für alle Familienmitglieder, zu einer Ruhezone und Kraftquelle werden. Viele Menschen lassen sich die Wohnung von einem Innenausstatter einrichten, von Bau-biologen begutachten oder gemäß Feng-Shui-Kriterien ändern, um Störquellen auszuschalten.

Es wird zurecht immer wieder gefordert, man möge Wege und Gebäude einmal mit den Augen eines Rollstuhlfahrers sehen. Wer die Wohnung (Kita, Schule, öffentliche Plätze) einmal mit den Augen eines Kindes sieht bzw. die Augen eines Kindes an diesen Orten beobachtet, bekommt sehr schnell ein Gespür dafür, was es konzentriert oder ablenkt, ruhig oder nervös macht, was ihm Ener-gie gibt oder nimmt. Es wird nicht die ideale Wohnung für Kinder und Erwachsene geben, aber je mehr sie Persönlichkeit ausstrahlt, desto eher können sich ihre Kräfte auch im Kind entfalten. Da spi-rituelle Praxis auch in dieser Hinsicht Einstellungen und Gewohn-heiten im Laufe der Zeit verändert, ist es nicht auszuschließen, dass man irgendwann das Gefühl bekommt, in die etwas überladene Wohnung müsse mehr Einfachheit und Klarheit gebracht werden oder in die nüchterne mehr Farbe und Wärme.

Der eigene Raum

Jeder Mensch braucht einen eigenen Raum, in den er sich zurück-ziehen kann. Das muss kein eigenes Zimmer sein, aber ein Bereich, eine Ecke, die diese Person gestalten kann und die ihr gehört. Ein solch eigener Raum wird in der Regel äußerlich und innerlich auf-gesucht. Innerlich ist es auch immer der Ort der Geheimnisse, zu denen niemand Zugang hat. Das Wort »Geheimnis« enthält den Begriff »Heim« und verweist damit auf besondere Zusammenhän-ge: Ein Heim hat man dort, wo man auch Geheimnisse haben darf. Dies ist jetzt gar nicht spektakulär zu verstehen, sondern bezieht sich darauf, dass Kinder oft eine für Erwachsene geheimnisvolle Beziehung zu Gegenständen und Situationen haben. So kann z. B. eine Uhr für sie etwas Lebendiges sein, ein Bild spricht zu ihnen, ein simples Sofa kann zu einem Rennwagen werden. Manchmal hat das Kind auch einen imaginären Gesprächspartner und merkt sehr schnell, ob die Eltern das für etwas Unnormales halten.

Zum erweiterten Heim gehört die Heimat. Darum ist es für Kinder wichtig, Bezüge zur näheren Umgebung zu bekommen, z. B. die Herkunft des Straßennamens zu wissen, bestimmte wichtige Gebäude zu kennen, aber auch Menschen aus der Nachbarschaft wahrzunehmen und, wie die Eltern, sie zu grüßen oder mit ihnen ein paar Worte zu wechseln.

Der eigene innere und äußere Raum sind Schutzbereiche, deren Gestaltung von den Eltern begleitet, aber nicht vorgeschrieben werden darf. Träumen und Trödeln können u. a. Zeichen dafür sein, dass Kinder noch ein Gespür dafür haben, dass auch Dinge nicht nur leblos und seelenlos sind, sondern eine eigene Sprache sprechen. Wenn Erwachsene sich bewusst machen, dass der Raum des Kindes es nicht nur vor Kälte und Feuchtigkeit schützen soll, werden sie ihn mit Respekt und Achtung behandeln, wie sie es ja meist auch bei ihren eigenen Räumen voraussetzen. Ein Schutzraum ist er in insofern, als er innere und äußere Einflüsse filtern kann. Die Redensart »My home is my castle« weist auf diese Filterfunktion hin: Man ist zumindest zeitweise nicht mehr allen Reizen aus der Umgebung ausgesetzt. Aber auch innerlich kann man im eigenen Raum zur Ruhe kommen und die Überflutung mit Eindrücken abfließen lassen.

Ganz am Rande sei vermerkt: Eltern, die ihr Kind taufen lassen, fügen es damit nicht in erster Linie in die Organisation Kirche ein, sondern versprechen, dass sie den Schutzraum, der ihren Kindern von Gott zugesichert ist, respektieren werden. Für viele gläubige Mütter und Väter stellt das eine Entlastung dar, weil sie ihr Kind im göttlichen Bereich aufgehoben und beschützt wissen.

Der eigene Wohn- und Schutzraum ist gleichzeitig auch der Ort, von dem aus eine Bewegung des Kindes ausgeht, die als das »Einnehmen des eigenen Raumes« bezeichnet werden könnte. Hier werden Rechte und Pflichten eingeübt, die, je nach Gestaltung, den späteren Umgang des Kindes mit seinem Körper, seinen Wünschen, Ängsten und kreativen Möglichkeiten formen.

Die Wohnung ist aber nicht nur ein Schutzraum, sondern auch ein Sozial- und Begegnungsraum, sowohl im Hinblick auf das Zusammenleben der Familie als auch im Sinne des Sich-Öffnens für Freunde, Bekannte usw. Hier lernen Kinder gemeinsam mit den Erwachsenen, dass Kommunikation und Sozialbezüge bereichernd sind, aber bisweilen auch Einschränkungen und Verzicht auf Bequemlichkeiten mit sich bringen können.

Äußere Schutzräume müssen immer wieder verlassen werden, sonst wird man lebensunfähig. Das ist für den Erwachsenen mehr oder weniger selbstverständlich (außer in Krisen oder bei einer Depression). Spirituell gesehen und besonders in Bezug auf Kinder sind beim Raumwechsel allerdings Kräfte im Spiel, die Erwachsene kennen sollten.

Raumwechsel

Der Wechsel von Räumen – zu Bett gehen, aus dem Haus gehen, in die Kita und Schule gehen – kann für Kinder emotional stark besetzt und konfliktträchtig sein. Das ist nicht erstaunlich, wenn man sich bewusst macht, was in solchen transitorischen Prozessen abläuft: Ein Leibraum hat sich in einem bestimmten Zeitraum einen Wohnraum als Lebensraum gestaltet. In diesem Lebensraum konnte, wenn alles gut ging, Negatives ab- und Positives zufließen. Die Transition, der Übergang, löst dieses Geflecht auf und nötigt zu einer Neuorganisation. Da nun das ganze Leben aus Abschieden und Anfängen besteht, ist es wichtig, diese, wo immer es geht, zu gestalten, weil dadurch auch eine Sensibilisierung für größere Abschiede und Neuanfänge entstehen kann.

Für Erwachsene kann man immer wieder gute Tipps zur Vorbereitung auf einen erholsamen Schlaf lesen. Das bedeutet aber doch, dass dieser scheinbar so einfache Wechsel vom Wach- in den Schlafzustand nicht immer so leicht ist. Wie viel mehr Mühe muss es dann Kindern bereiten, sich aus einer für sie schönen Situation zu verabschieden zugunsten eines Zustands, dessen gesundheitlichen Wert sie gar nicht einschätzen können. Die Gestaltung abendlicher Rituale für Kinder kann darum nicht erst beginnen, wenn sie im Bett liegen. Der strenge Ruf »In fünf Minuten liegst du im Bett!« bewirkt bei Kindern oft darum so viel Trotz, weil sie ihn zurecht als Angriff auf ihr Lebensgefühl verstehen.

Wie Erwachsene auch, müssen Kinder die Möglichkeit haben, sich langsam aus den Einflüssen des Tages zu lösen. Solche Einflüsse sind Fernsehen, Spiele, Computer, Freunde und Hausaufgaben. Im Übrigen gibt es ja durchaus Gelegenheiten, bei denen die Eltern durchaus nicht wünschen, dass sich das Kind aus einer Atmosphäre löst, z. B. bei den Hausaufgaben oder beim konzentrierten Spiel. Ein zögerliches Herauskommen aus Situationen kann ja auch ein Hinweis auf eine gute Konzentrationsfähigkeit sein. Wer fähig ist, sich auf Kommando auf eine neue Gegebenheit einzustellen, ist vielleicht nicht immer ganz bei der Sache. Steht am Abend beim Raumwechsel mehr das Beenden im Vordergrund, so ist es am Morgen eher der Neubeginn. Ein Übergang steht bevor, obwohl wiederum die Atmosphäre der Nacht noch nachwirkt. Auch der Zeitraum hat sich verändert: Die »Traumzeit« ist jäh beendet, und die Ermahnung »Bist du immer noch nicht richtig wach!« verkennt die Wirkkräfte dieser Zeit. Eine andere Stimmung würde entstehen, wenn das Kind gefragt würde, ob es von seinen Träumen erzählen mag, oder aufgefordert würde, sie symbolisch in einer »Traumkiste« abzulegen, die bei Bedarf geöffnet werden kann. Man kann davon ausgehen, dass das Träumen mit inneren Reinigungsprozessen einhergeht, die helfen, Belastendes abfließen zu lassen.

Eltern könnten besonders bei Kleinkindern, die noch stark in ihrer magischen Vorstellungswelt beheimatet sind, die inneren Bilder der Kinder aufgreifen und sie mit ihnen weiterentwickeln. Dass solche Prozeduren dann kreativ und spielerisch gestaltet werden können, liegt auf der Hand. Manche Kinder sagen aber auch sehr klar, dass sie erst einmal in Ruhe gelassen werden wollen, weil sie noch nicht ganz im Hier und Jetzt sind. Auch dazu könnten Erwachsene Kinder ermutigen und dann ihren Wunsch ernst nehmen. So haben wir den fünfjährigen Andi, der vom Mittagsschlaf erwacht war, zu seiner Schwester sagen hören, die ihn zum Spielen bedrängte: »Ich bin in meiner Traumwelt und möchte noch nicht wieder hier ankommen. Lass mich doch den Traum zu Ende denken!«

Es wäre beispielsweise möglich, für die diffusen Gefühle und Erwartungen am Morgen mehr Zeit einzuplanen und gemeinsam mit den Kindern zu überlegen, wie der Tagesbeginn strukturiert und gestaltet werden kann, etwa durch ein Morgengebet, Lied oder einen Segen, einen Kraftkreis, in dem sich alle für den Tag Mut wünschen, durch das Aufstellen eines Kraftsymbols, das nur morgens zum Einsatz kommt, oder sogar dadurch, dass ein bestimmter Gegenstand, der dann mitgenommen werden kann, mit Kraft und Ruhe »aufgeladen« wird. In gläubigen Familien gibt es immer noch Großeltern, Mütter und Väter, die ihren Kindern beim Abschied symbolisch ein Kreuzzeichen auf die Stirn zeichnen oder sie durch Handauflegen segnen. Erwachsene, die dies als Kinder erfahren haben, erzählen sehr oft, dass sie sich dadurch für den Tag beschützt gefühlt haben.

Auch der morgendliche Weg zum Kindergarten, zur Schule oder zum Arbeitsplatz kann mit diffusen Gefühlen belegt sein. Was Kinder, aber auch Erwachsene, in solchen Situationen brauchen, sind, nüchtern gesagt, Schutzmechanismen und Bewältigungsstrategien. Aber ist das nicht alles Einbildung? Ja, es ist in der Tat »Ein-Bildung«, aber nicht im landläufigen Verständnis, sondern hirnphysiologisch nachweisbar. Die Bilder und Gedanken, mit denen wir umgehen, prägen unsere Gefühle und unser Verhalten.[26] In der Psychotherapie ist die Imagination, also die Fähigkeit, innere Bilder hervorzurufen, eine wichtige Ressource: Die Imaginationskraft ermöglicht, sich mit schwierigen Emotionen auseinanderzusetzen und bringt innere Veränderungs- und Heilungsprozesse in Gang.[27] Auch in der spirituellen Praxis wird mit der Prägekraft der Bilder, mit Imaginationen, Symbolen und Ritualen gearbeitet, um zur Ruhe, zu sich und zur Tiefe des Seins zu gelangen. Innere Bilder verschalten hirnphysiologisch andere Synapsen, als es z. B. Appelle und Informationen tun.

Spirituelle und heilige Räume

Alle großen Religionen haben sogenannte heilige Räume, ob es Kirchen, Tempel, Synagogen, Moscheen oder andere Kulträume sind. In diesen Räumen entspricht alles einer bestimmten Struktur, die auf die Erfordernisse der jeweiligen Religion ausgelegt sind. Diese Ordnung findet sich sowohl innerhalb der Gebäude als auch in den zeremoniellen Gegenständen oder im Kult. Der wahrnehmende Besucher bemerkt schon an der Türschwelle, dass in diesem Raum andere Gesetze gelten. Wenn Menschen dafür offen sind, können sie eine Verwandlung spüren: Das Geschäftige und Laute bleibt draußen; der Raum bewirkt etwas, falls ihm Beachtung und Achtung geschenkt wird. Auch Menschen, die sich nicht für religiös halten, haben häufig ein Gespür für diese Wirkung und besuchen daher gerne die sakralen Stätten der großen Religionen. Doch oftmals fehlt diese Wertschätzung für den heiligen Raum und dafür, dass er für Gläubige ein besonderer Ort ist.

Kinder sollten mit der verwandelnden Kraft von sakralen Räumen vertraut gemacht werden, weil es in vielfacher Hinsicht ein außeralltägliches Erlebnis sein kann, sich dort aufzuhalten. Wer sich darauf einlässt, offen für die Atmosphäre ist, erlebt oft wundersame Dinge: Das Licht ist gedämpfter, es riecht nach Weihrauch, nach altem Gemäuer oder Holz, die Schritte hallen auf den Steinen, vielleicht spielt die Orgel oder die Kerzen brennen vor einem Heiligenbild. Generationen, die in dieser Kirche gebetet haben, scheinen noch präsent zu sein. Eine Kirche hat abgestufte Bereiche, die sich auch energetisch unterscheiden. Manche Menschen verweilen nur im hinteren Bereich und schauen sich von dort kürzere oder längere Zeit um. Möglicherweise spüren sie die Atmosphäre des Numinosen und Heiligen und möchten sich ihm nicht aussetzen. Andere gehen dagegen weiter in den Raum hinein, lassen sich von einem Bild, einer Statue usw. anziehen oder möchten die Kraft des Raumes auf sich wirken lassen. Den Altarraum zu betreten, war katholischen Gläubigen lange Zeit nicht gestattet. Ein Gitter trennte das »Allerheiligste« ab und bewahrte es so vor Profanierung. Auch heute noch weisen in manchen Kirchen Seile oder Schilder auf dieses Verbot hin. Sensible Menschen, die einen Altarraum betreten, spüren, dass sie dort noch von stärkeren Energien umfangen sind als im hinteren Bereich der Kirche. Manchmal können diese Energien auch bedrohlich wirken. Das ist darin begründet, dass wir uns der allumfassenden Lebensmacht nicht unvorbereitet oder ohne rituellen Schutz aussetzen können. Darum wäre es auch verfehlt, Kinder zu ermutigen, den Altarraum zu betreten, um sich einmal alles anzuschauen und anzufassen (es sei denn, es gibt dort eine besondere Führung oder sonstige Aktion). Schließlich sind in vielen großen Kirchen die Altarräume so angelegt, dass man ihre Wirkung wesentlich besser aus einiger Entfernung wahrnehmen kann als aus der Nähe.

Im Schutz des Kirchenraumes aber können Menschen auf ihre ganz persönliche Weise eine Verbindung zum Göttlichen herstellen, die heilsam ist. Nicht immer muss alles erklärt werden. Manchmal ist es hilfreicher, selbst wahrzunehmen, was ein Raum anbietet. Im Übrigen wird erst das Mitfeiern eines Gottesdienstes oder eines anderen Kultes die ganze Kraft, Wirkung, Funktion und Schönheit des Raumes, seiner Ausstattung und der in ihm vollzogenen Riten erkennen lassen.

Es kann die Wahrnehmung erweitern, wenn man sich selbst und

seine Kinder der Fremdheit sogenannter »heiliger Räume« aussetzt. Nicht überall kann, soll und darf es so aussehen wie zu Hause. Nicht überall benimmt man sich so wie dort. In einer Begegnung mit fremden heiligen Räumen lernen Kinder beiläufig Wertschätzung vor anderen Menschen, religiösen Formen und Gebräuchen. Wie wichtig und wohltuend die Begegnung mit solchen heiligen Räumen und Orten sein kann, zeigt das neu erwachte Interesse an Wallfahrten. Man kann auch mit Kindern private »Wallfahrten« machen. Sie werden sich dann sicher unterscheiden von jenen Ausflügen, bei denen sich die Kinder entweder den Vorstellungen der Erwachsenen anpassen müssen oder in entsprechenden Freizeiteinrichtungen mit vorgegebenen Aktionen befriedigt werden. Warum durchschreiten Erwachsene nicht auch mit Kindern sakrale Räume, etwa Kirchen und Moscheen, und machen diese mit allen Sinnen erfahrbar, oder besuchen mit ihnen Veranstaltungen, die eine spezielle neue Raumerfahrung mit sich bringen, wie liturgische Feiern oder Meditationen?

Um die spezielle Atmosphäre sakraler Räume zu erfahren, bedarf es der Vermittlungshilfe. Was siehst du? Was riechst du? Wie fühlst du dich? Macht dich der Raum friedlich oder unruhig, befreit er dich oder ist er eher bedrückend? Warum ist das so?

Was Fulbert Steffensky in Bezug auf Kirchen gesagt hat, gilt sicher auch für andere »fremde« Räume, z. B. Museen oder Konzertsäle: »Der Raum erbaut mich, insofern er anders ist als die Räume, in denen ich wohne, arbeite und esse. Ich kann mich nicht erkennen; ich kann mir selbst nicht gegenübertreten, wenn ich nur in Räumen und Atmosphären lebe, die durch mich selbst geprägt sind, die mir allzu sehr gleichen und die mich wiederholen.«[28]

Weiterführende Fragen

• Was empfinden Sie, wenn Sie bewusst in Ihre Wohnung eintreten, wohin zieht es Sie, was lockt Sie besonders? Woran könnte das liegen? (Das kann zu verschiedenen Zeiten, z. B. nach einem Urlaub oder einem Streit in der Familie sehr unterschiedlich sein.)

• Welchen Geruch verbinden Sie mit einem speziellen Kindheitserlebnis?

- Gibt es eine leitende Idee, nach der Sie Ihre Wohnung oder einzelne Räume eingerichtet haben (Funktionalität, Design, Gemütlichkeit ...)?
- In welchen Situationen hatten Sie das Gefühl, entrümpeln zu müssen?
- Gibt es Bereiche in der Wohnung, die für Ihre Kinder tabu sind?
- Durch welche Gegenstände hat Ihre Wohnung eine unverwechselbare persönliche Atmosphäre?
- In welchen Bereichen der Wohnung hält sich Ihr Kind besonders gerne auf? Warum?
- Was nehmen Sie wahr, wenn Sie in fremde Wohnungen gehen? Was tut Ihnen gut, was schafft »schlechte Gefühle«? Wie können Sie das ändern?
- Wohin zieht es Sie, wenn Sie eine Kirche betreten?
- Haben Sie einen bestimmten Kraftort, den Sie gerne alleine oder mit Ihren Kindern aufsuchen?
- Welche Übergänge gibt es in ihrer Familie für den Tag-Nacht-Rhythmus?
- Wie verabschieden Sie sich von den Räumen, wenn Sie ausziehen? Welche Situationen haben sich in diesen Räumen abgespielt? Können Sie sich in der Familie Geschichten zu den Räumen erzählen?
- Welche Rituale brauchen Sie, wenn Sie eine neue Wohnung beziehen? Reicht der neue Anstrich? Gibt es etwas, das Ihnen die Wohnung vertrauter machen könnte? Fragen Sie Ihre Kinder, was sie brauchen, um sich einzugewöhnen? Sind es bestimmte Gerüche oder Bilder oder eigene, selbst gestaltete Ecken?
- Welche Rituale haben Sie, wenn ein neues Familienmitglied in die Familie kommt oder sie verlässt (Geburt, Auszug der älteren Kinder, Tod eines Familienmitglieds)?
- Wie können Sie für ein Kind, für sich oder einen Familienangehörigen den Übergang in ein Krankenhaus oder in die Ferien gestalten? Was müssen Sie mitnehmen, damit Sie sich wohl fühlen? Was können Sie Ihren Kindern in den Rucksack packen, das an zu Hause erinnert oder ein Zeichen Ihrer Zuneigung ist?
- Lassen Sie sich von Ritualen in fremden Kulturen, Religionen oder bei dem Besuch anderer Familien anregen? Experimentieren Sie, spüren Sie nach, was zu Ihnen und Ihrer Familie im Moment passt?

Sprache und Kommunikation

Kaum ein anderes Medium transportiert so viel Atmosphäre, Schwingungen, bewusste und untergründige Botschaften wie die Sprache. Neben dem Raum ist sie der Bereich, mit dem Kinder als erstes in Berührung kommen. Darum nehmen Eltern ja auch mit so großem Interesse die Sprachentwicklung ihrer Kinder wahr. Nur dasjenige, was ich versprachlichen kann, gerät auch in den Fokus meiner Wahrnehmung und der damit verbundenen Beschäftigung. Der ausgestreckte Zeigefinger des Kleinkindes, verbunden mit dem Ruf »Da, da!« deutet darauf hin, dass Unbekanntes zu Vertrautem werden soll. Bei Erwachsenen lässt sich oft beobachten, dass sie bestimmte Dinge oder auch Atmosphären nicht wahrnehmen, weil ihnen die »Sprache« dafür fehlt. Es geschieht nicht gerade selten, dass etwas in der engeren Umgebung erst dann »gesehen wird«, wenn ein präziser Ausdruck dafür erworben wurde. Insofern enthält der schon etwas banalisierte Ausspruch »Was ich nicht mit eigenen Augen sehe, glaube ich nicht« einen wahren Kern.

Die Entgrenzung der Welt ist somit niemals beendet. Für viele Menschen bedeutet die Tatsache, ein Phänomen nicht zu verstehen, zugleich dessen Irrelevanz oder gar Nichtexistenz. Häufig heißt dieses Nicht-Verstehen aber nur, etwas nicht benennen zu können. Wittgenstein hat in diesem Zusammenhang vom »Sprachspiel« gesprochen, d. h. der jeweilige Kontext sprachlicher Äußerungen bestimmt die Art und Weise der Weltsicht und Lebensanschauung. Ein sehr einfaches und auch einengendes Sprachspiel liegt beispielsweise vor, wenn Wertungen von Personen oder Situationen in den Kategorien »blöd« oder »nett« ausgedrückt werden. Es kann sich dann nicht das ganze Spektrum an Schwingungen, die ein Phänomen besitzt, entfalten, und Differenzierungen werden hinfällig. Zur Achtung und zum Respekt vor allen Lebensäußerungen gehört aber gerade diese Differenzierung.

Besonders wichtig ist die Art des Sprachspiels in den Bereichen, die sich einer unmittelbaren Konkretion entziehen, also bei allem, was nicht sichtbar ist, sondern »unter der Benutzeroberfläche« des Lebens existiert. Hierzu zählen die meisten emotionalen Phänomene, aber auch die großen Lebensthemen Liebe, Tod, Leid, Sinn usw. Die sogenannte Alltagssprache, wie sie in den Medien, aber auch in normalen Gesprächen verwendet wird, reicht hier oft nicht aus.

Dass Sprache nicht nur mitteilt oder informiert, sondern selbst etwas schafft, also performativ ist, wird in Alltagsbezügen vorausgesetzt. Wenn die Mutter ihrem weinenden Kind sagt: »Ist ja schon gut«, stellt das einen Sprechakt dar, der eine Realität schafft, und nicht nur die Mitteilung eines Sachverhaltes. Auch Befehle, Appelle, Bitten, Beleidigungen, Lob usw. sind spezielle Sprechakte, die ihre eigene Realität mit sich bringen, wobei zu beachten ist, dass die Wirkung der Worte nicht unbedingt von der Intention des Sprechenden abhängt und auch nicht zwangsläufig vom Bewusstseinsstand des Hörenden. Kinder nehmen sprachlich durchaus etwas wahr, das sie rational noch nicht fassen können, darum kommt es besonders im sprachlichen Bereich so oft zu Missverständnissen. In jedem Fall trägt Sprache Energie in sich, die die Wirklichkeit verändert.

Menschen wachsen mit einer »Muttersprache« auf. Sie behalten oft lebenslänglich sprachliche Eigenarten ihrer Mütter oder Eltern bei. Bei Kindern, die zwei- oder mehrsprachig aufwachsen, bildet sich eine Sprache heraus, die dann dominant ist und am besten beherrscht wird. Vieles im sprachlichen Bereich ist also vorgegeben, bis hin zu einer bestimmten Mundart. Spiritualität im Bereich von Sprache und Kommunikation zu leben, bedeutet also zunächst, all das, was sprachlich schon vorliegt, zu nutzen, aber gleichzeitig zu erweitern und neue Resonanzbereiche zu entdecken.

Sprach- und Hörräume

Sprachliche Resonanz geschieht in den meisten Familien mehr oder weniger automatisch. Das weinende Kind wird in einer speziellen Tonlage mit »wohltuenden« Worten oder manchmal auch nur Lauten oder Gesang getröstet. Es muss also ein uraltes Wissen im Menschen geben, wie Worte, Töne und Melodien wirken. Vermutlich sind es einfache Artikulationen, die am Anfang der menschlichen Evolution stehen, und diese phylogenetisch vorgegebenen

Phänomene können und werden also ontogenetisch genutzt. Das passive Sprachverstehen ist lebenslänglich größer als das aktive, und eine Kommunikation, die auf kindliche »Spezial- und Babysprache« verzichtet, macht dem Kind deutlich, dass es ernst genommen wird.

Die kindliche Sprachentwicklung bietet aber auch den Erwachsenen noch einmal die großartige Gelegenheit, ihre eigenen Sprachspiele zu gestalten und zu erweitern. Sie merken plötzlich Unstimmigkeiten im eigenen Sprachgebrauch und deren Wirkungen. Nehmen wir als Beispiel, wie oft wir etwas »wollen« oder »kriegen«. Dass dabei durchaus Macht- und Gewaltanteile mitschwingen, wird uns oft erst dann bewusst, wenn Kinder diese Wörter verwenden. Wenn wir sie dahingehend korrigieren, dass sie wohl eher etwas »möchten« und es möglicherweise auch »bekommen«, entsteht plötzlich eine andere unterschwellige Stimmung. Es ist das Gefühl, nicht in erster Linie einen Anspruch (an die Eltern, an das Leben) zu haben, sondern sich in einem Bereich von Gabe, Gegengabe, Wunsch, Geschenk, aber auch gelegentlicher Versagung zu befinden. Es geht hierbei nicht um eine schönere oder gar »vornehmere« Ausdrucksweise, sondern schlicht um atmosphärische Wirkung.

Ebenso häufig beschränken wir uns im Alltag auf unpräzise allgemeine Ausdrücke. Wenn Kinder sich aber nicht mit dem Wort »Vogel« oder »Blume« zufrieden geben, sondern Genaueres wissen wollen, wird durch den Zwang zur Präzisierung auch unser eigenes Sprachverhalten verändert.

Die in späteren Jahren bei Kindern und Jugendlichen auftretende Neigung, sich untereinander in einer »Geheimsprache« zu unterhalten oder in einen Jargon zu verfallen, stellt die praktische Anwendung dar, mit Hilfe von Sprache neue Erlebnismuster zu schaffen. Gelegentliches Benutzen von bestimmten Ausdrücken oder Jargons können Eltern meist gelassen beobachten, denn es verliert sich auch wieder. Kindern zu helfen, nicht unreflektiert irgendwelche Jargons zu verwenden, beginnt damit, die eigenen Sprachgewohnheiten zu überprüfen. Denn ohne es zu merken, verfallen wir oft selbst in einen Jargon, in Sprachgewohnheiten, die ihre Muster häufig aus den Medien beziehen. Nebenbei: Dialekte haben mit Jargon nichts zu tun. Sie sind im Gegenteil ein besonderes Würzmittel der Sprache. So hat z. B. ein im bayrischen Dialekt ausgestoßener Fluch eine mildere Wirkung als ein im korrekten Hochdeutsch geäußerter Tadel.

Statt unsere Wahrnehmungen und Gefühle mit eigenen Worten auszudrücken, übernehmen wir oft Redensarten, Versatzstücke, in der Luft liegende Meinungen und »Plastikwörter« (Uwe Pörksen), die alles und nichts aussagen. Sie haben einen hohen Abstraktionsgrad, klingen oft wissenschaftlich und bedeutungsvoll, lassen die Sprache aber in Wahrheit verkümmern, weil sie sich ohne großes Nachdenken beliebig verwenden und wie Legosteine aneinanderreihen lassen.

Sprache im Alltag

Die erste und ursprünglichste Art der Sprache ist die Anrede. »Mama, Papa«, auf diese Wörter warten jungen Eltern und sind glücklich, wenn sie sie vom Kind hören. Gleichzeitig sind sie keine Eigennamen, sondern drücken eine Funktion, eine Rolle aus. Für dieses Kind sind dieser Thomas und diese Claudia Vater und Mutter. Indem Eltern sich so anreden lassen, übernehmen sie damit auch die Verantwortung und die Erwartungen, die an Vater und Mutter gerichtet sind. Später lassen sich Eltern häufig beim Vornamen nennen. Wieder kann man sich die nüchterne Frage stellen: Was geschieht da? Eine Möglichkeit ist, dass die Eltern sich nicht über das Kind erheben, sondern mit ihm auf gleicher Stufe stehen und Partner sein wollen. Das ist aber auf Dauer nicht durchzuhalten, da Erwachsene Kindern gegenüber immer einen Informations- und Orientierungsvorsprung haben und außerdem auch einen Erziehungsauftrag. Konsequenterweise werden aber die neuen Partner der Eltern meist mit Vornamen angeredet, es sei denn, die Kinder selbst finden eine Anrede, bei der z. B. der eigene Vater »Papa« und der Partner der Mutter »Daddy« genannt wird. Die Anrede mit »Vater und Mutter« hat aber auch Vorteile für eine Auseinandersetzung mit ihnen: Als Vater oder Mutter müssen die Eltern ihrer Erziehungsaufgabe entsprechend mit Konflikten umgehen, sie also als entwicklungsgemäß einstufen und nicht als persönliche Angriffe werten.

Eltern geben ihrem Kind einen Namen. Sie haben sich Gedanken darüber gemacht, der Klang spielt eine Rolle, Familientraditionen, Vorbilder oder der aktuelle Trend. Manchmal mögen Kinder ihren Namen nicht und fragen nach, warum Mutter und Vater ihnen diesen gegeben haben. Auch ungefragt sollten Eltern es ihren Kindern sagen, denn nichts konstituiert die Persönlichkeit so sehr wie der eigene Name, die eigene Anrede. Eine Variante sind Kosenamen und Spitznamen. Sie bringen eine andere Atmosphäre hervor. Besonders, wenn sie sich auf körperliche Gegebenheiten beziehen, können sie, auch wenn sie sogar liebevoll gemeint sind (etwa »Dickerchen«), negative Wirkungen hervorrufen. Sprache ist eben mehr als Information, sie hat Macht und Energie, und wie sehr bestimmte sprachliche Fixierungen (»Aus dir wird nie was!« Oder: »Du bist aber ein tapferes Mädchen!«) Menschen lebenslänglich behindern oder bereichern können, hat die Entwicklungspsychologie hinreichend dokumentiert.

Machtworte und Kraftworte

Machtworte dienen in der Regel dazu, etwas zu beenden, Kraftworte eröffnen neue Möglichkeiten. Machtworte (etwa: »Jetzt ist aber Schluss!«) erschöpfen auf Dauer den, der sie spricht, und lassen diejenigen, an die sie gerichtet sind, abstumpfen; Kraftworte erfüllen alle Beteiligten mit neuer Energie und sind oft in der Lage, eine verfahrene Situation zu reinigen: »Ich traue dir das zu, und wenn du mich brauchst, dann helfe ich dir! Lass dir Zeit! Bring das wieder in Ordnung.«

Alltagssprache geschieht auf verschiedenen Ebenen. Sie beginnt innerfamiliär mit dem Gruß am Morgen. Die Frage: »Hast du gut geschlafen?« mag gewohnheitsmäßig gestellt werden, sorgt aber für eine Struktur und ist nebenbei auch die Vergewisserung, dass die Welt noch »in Ordnung ist«. In gewisser Weise sind solche Fragen, ebenso wie »Bitte« und »Danke« oft nur Floskeln, über die man sich keine weiteren Gedanken macht. Gleichwohl helfen sie aber, einen positiven Lebensraum zu gestalten, ohne dass in jeder Situation neue eigene Formen entwickeln werden müssen, was ohnehin eine permanente Überforderung wäre. Höflichkeitsfloskeln erleichtern gerade in kritischen oder krisenhaften Situationen, eine Form zu wahren, aus der heraus Sachlichkeit und Klarheit entstehen können. Sprachliche Routine ist nicht in jedem Fall negativ zu bewerten, sondern bedeutet oft nur, im Falle einer emotionalen Spannung oder »Ermüdung« handlungsfähig bleiben zu können. Zu dieser sprachlichen Routine (die nicht verwechselt werden darf mit nichtssagenden Floskeln) gehören sicherlich auch Befehle und Appelle. Sie kommen uns vermutlich gerade im Familienalltag öfter über die Lippen, als wir ahnen und uns lieb sein kann, obwohl sie manchmal unverzichtbar sind. Es ist jedoch ein Unterschied zwischen »Du musst noch …«, »Denk an …« oder: »Hast du schon …?« Gerade die Frageform ermöglicht es dem Kind, eventuelle Gründe oder Hemmnisse zu benennen, die dazu geführt haben, dass der Auftrag noch nicht umgesetzt worden ist. Fragen führen in die Weite, wo Befehle oft einengen. Befehle und Appelle zeigen immer an, dass etwas nicht im Fluss ist und »nachgeholfen« werden muss. Spirituell gesehen ist es aber wichtig, dass alle Beteiligten in eine positive Resonanz miteinander kommen. Struktur und Verbindlichkeit entstehen daraus, dass sie internalisiert werden, auch wenn sie sicher hin und wieder einen Anschub brauchen.

Je nach Ausführung einer erwünschten Handlung erfolgen dann in der Regel Lob oder Tadel. Eltern, Erzieherinnen, Lehrer und Lehrerinnen sollten sich jedoch bemühen, statt eines Tadels Verbesserungsvorschläge zu unterbreiten. Der dahinterstehende Gedanke ist, dass Tadel etwas Übergriffiges enthält und die Person auf etwas Negatives festlegt. Aber je nach den Umständen kann auch ein Lob übergriffig sein. Denn ähnlich wie beim Tadel nimmt der Lobende eine bestimmte Rolle ein: Er ist es, der aus seiner Sicht Urteile fällt. Beim Tadel kann das dazu führen, dass diese Urteile einseitig und damit ungerecht werden, beim Lob besteht die Gefahr, dass Tun und Verhalten abhängig von der positiven Zustimmung anderer werden und eigene Maßstäbe so nicht entwickelt werden können. Ferner kann es passieren, dass etwas, das für den Betreffenden selbstverständlich ist, nun in den Rang von etwas Besonderem erhoben wird. Die angemessene Reaktion auf etwas Selbstverständliches ist der Dank, für etwas Besonderes gibt es Lob. Und auch wenn viele Eltern jede Äußerung ihres Kindes für etwas Besonderes und damit für lobenswert halten, ist oft ein sachliches Urteil, das die Qualitäten, aber auch die Mängel benennt, angemessener und bietet dem Kind Orientierung. Schließlich kann es auch angezeigt sein, das Kind bei manchen halbgelungenen Aktionen zu ermutigen.

Noch übergriffiger als Lob und Tadel kann aber die Ironie sein. An sich ist sie ein legitimes sprachliches Mittel, um sich auf einer relativ friedlichen Ebene vor bestimmten Einflüssen zu schützen oder deren fragwürdigen Charakter zu entlarven, wie es z. B. im Kabarett geschieht. Indem man sich über etwas lustig macht, nimmt man dieser Sache ihren Absolutheitsanspruch. Wer über Selbstironie verfügt, gewinnt damit große Freiräume.

Weil die Ironie aber eben auch eine Waffe ist, kann sie z. B. auch Achtung und Respekt zerstören. Das ist dann der Fall, wenn Leistungen, Fortschritte, Erlebnisse, Erfahrungen, Überzeugungen aber auch Irrtümer und Fehler auf eine unernste Ebene gebracht und damit lächerlich gemacht werden. Besonders Kinder merken schnell, ob ihre Äußerungen ernst genommen werden, sie verfügen aber noch nicht über Strategien, mit Ironie umzugehen. Ironie macht sie schutz- und wehrlos. In jedem Fall gehört Ironie zu den Machtworten. Eine weitere Gefahr liegt darin, dass sie eine eigene Dynamik entwickeln kann, nicht mehr zu bremsen ist und schließlich in Beschimpfung oder Beleidigung mündet. Da Spiritualität den Respekt vor allem Lebendigen einschließt, sind solche destruktiven Sprachebenen zu meiden. Hier ist es vielleicht sogar besser, zu einer der Situation angemessenen, im positiven Sinne gesehenen »Leidenschaftslosigkeit« zu finden.

Mit älteren Kindern und Jugendlichen hingegen kann es dann gelegentlich sehr witzig sein, wenn alle Partner sich auf ironischer Ebene begegnen können und es einen Schlagabtausch gibt.

Atmosphärisch anders wirkt der Humor. Ist die Ironie eine Waffe, so ist der Humor gleichsam ein Würzmittel und eine Befreiung. Die Ironie wird einseitig gegen etwas oder jemand gerichtet, vom Humor wird man »ergriffen«. Auf energetischer Ebene wird in der Ironie einseitig Macht ausgeübt, beim Humor entsteht neue Kraft. Ironie kann demütigend sein und damit emotionale Kälte hervorrufen, Humor enthält immer auch ein Element von Trost und begünstigt damit emotionale Wärme.

Eltern und Erziehende haben Macht. Das zu leugnen wäre verhängnisvoll. Wer die Macht, die er de facto hat, leugnet, missbraucht sie damit auch schon oder drückt sich vor Verantwortung. Das aber ist auch Missbrauch. Aus dieser Macht heraus werden Eltern sicher gelegentlich ein »Machtwort« sprechen. Wer aber für Atmosphären sensibel geworden ist, dem wird es möglich sein, aus

Machtworten Kraftworte werden zu lassen. Auch sprachlich gesehen schafft sich jeder die Welt, in der er dann lebt.

Märchen und Geschichten, Beten und Singen

Differenzierung, Korrektur und Präzision sind die eine Art der Sprach- und damit Lebensraumgestaltung. Jeder Mensch ist sprachlich vorgeprägt durch die Muttersprache und verschiedene Muster, die sich jede/r unter bestimmten Umständen und in vielfältigen Situationen angeeignet und angewöhnt hat. Das bedeutet in gewisser Hinsicht eine Festlegung. Aber ebenso wie der Körper mit seinen Funktionen durch Training über seine Grenzen hinauswachsen kann, ist sprachliches Training möglich und auch erforderlich, um neue Räume der Kommunikation und damit Kooperation zu erschließen. Wie könnte aber eine sprachliche Erweiterung aussehen?

Zunächst sei noch einmal darauf hingewiesen, dass wir sozusagen von Natur aus viele Ressourcen haben und unterschiedlich einsetzen. Sonst wäre Kommunikation gar nicht möglich. Andererseits müssen wir nicht alles Nötige aus uns selbst hervorbringen, sondern können auch aus einem großen Reservoir schöpfen, das uns vorgegeben ist.

Ein solches Reservoir sind z. B. die Instanzen, die uns Sprach- und damit Handlungsmuster anbieten, negative wie positive. Neben diesen alltäglichen Instanzen, also beispielsweise den Medien, gibt es noch sozusagen außeralltägliche, die gezielt »angezapft« werden können. Positive Ressourcen finden sich z. B. in *Märchen, Geschichten, Sagen und Legenden,* aus denen nicht in erster Linie etwas gelernt werden soll, sondern die in eine Atmosphäre der Selbstvergessenheit führen. Spracherwerb und Weltaneignung geschehen auch durch Erzählen und Vorlesen. Spätestens seit Bruno Bettelheim ist die Bedeutung der Märchen wieder ins Bewusstsein gerückt.[29] Für Kinder sind Märchen keineswegs auf die Moral der Geschichte beschränkt, was Erwachsene oft wünschen oder auch fürchten. Eher können sie sich den mannigfaltigen Wandlungsvorgängen der Erzählung selbst anvertrauen. Dazu gehören auch die sogenannten grausamen Stellen, die aber eigentlich etwas repräsentieren, das zur Wirklichkeit des Lebens gehört. Es gibt die Geschichte jener Großmutter, die ihrem Enkel gerne Märchen vorlas und die »angstmachenden« Stellen wegließ. Die eigenen Eltern hatten das anders gemacht und nichts weggelassen. Bei der Oma forderte das Kind dann vehement die »richtige« Geschichte ein.

Das Erzählen oder Vorlesen eines Märchens ohne Rückgriff auf andere Medien hat den Vorteil, dass mit der Stimme und der Präsenz des Erzählenden zugleich eine Stimmung entsteht und ein Hörraum geschaffen wird, der so durch Medien nicht zu erzielen ist. Beim freien Erzählen von Märchen oder sonstigen Geschichten hat jeder schon einmal die Erfahrung gemacht, dass Kinder unwillig reagieren und korrigierend eingreifen, wenn sie beim zweiten Mal nicht mit annähernd demselben Wortlaut wiedergegeben werden. Und erstaunlich ist auch, wie sehr selbst ältere Kinder gerne zuhören, wenn jemand authentisch und spannend zu erzählen weiß.

Was geschieht hier? Man könnte sagen, dass im Alltag und seinen Sprachspielen eine Tür in eine Lebens- und Sprachsituation geöffnet wird, die zwar einerseits deutlich vom Alltag unterschieden ist, andererseits aber genug Rückwege in ihn bereithält. Es bildet sich eine Erzähl- und Hörgemeinschaft, aus denen die Beteiligten anders herauskommen, als sie hineingegangen sind. Man kann an diesen Phänomenen erkennen, was für Sprache und Kommunikation unter spirituellem Gesichtspunkt wichtig ist, dass nämlich die Wirkung dessen, was wir sagen oder sprachlich zu vermitteln suchen, nicht unbedingt an die Absicht des Sprechenden und das Bewusstsein des Hörenden gebunden ist. Vielmehr hat Sprache einen Mehrwert, der sie über den Charakter bloßer Informationsvermittlung heraushebt: In ihr ist eine Energie gespeichert, die Menschen verändern und die Wahrnehmung von Wirklichkeit beeinflussen kann. Wer das berücksichtigt, wird einerseits zusehends sensibler im Umgang mit Sprache und hat andererseits eine größere Bandbreite zur Verfügung, um energetisch und atmosphärisch Einfluss zu nehmen.

Erzählungen aller Art sind darum Türen in andere Wirklichkeitsdimensionen, weil sie auf einen »Sprachgewinn« abzielen, d. h. durch Bilder, Metaphern, Gleichnisse und andere sprachliche Möglichkeiten wird etwas geschaffen und in Resonanz mit dem eigenen Erleben gebracht, wodurch sich das Spektrum der Wahrnehmung dieses Erlebens erweitert.

Gerade weil im alltäglichen Gebrauch die Sprache oft auf bloße Information mit den entsprechenden Kürzeln reduziert wird, ist es wichtig, die anderen sprachlichen Dimensionen als gleichwertig für die Kommunikation anzusehen. Es geht also auch hier darum, Eindimensionalität in Mehrdimensionalität zu verwandeln. Sprachmöglichkeiten sind Lebensmöglichkeiten, ja, mit Sprache kann man geradezu »zaubern« und verzaubern.

Das gilt auch für biblische Geschichten, die weder in erster Linie belehren wollen noch historische Ereignisse exakt beschreiben. Vielmehr ist in ihnen ein Erfahrungsschatz gespeichert (wie auch in manchen Sprichwörtern), der sich einer sofortigen Umsetzung entzieht und stattdessen eine Matrix darstellt, auf der eigene Erfahrungen möglich werden. Ein schlesischer Theologe und Schriftsteller hat darum einem seiner Bücher mit seinen eigenen Kindheitserlebnissen den Titel gegeben: »Leben Jesu in Palästina, Schlesien und anderswo«. Seine individuellen positiven und negativen Erfahrungen hat er so auf dem Hintergrund der Evangelien gedeutet.[30]

Was in solch absichtsloser Haltung gehört oder gelesen wird, bestimmt die Wahrnehmung auf einer anderen Frequenz als der von Informationen. Kinder bekommen auf diese Weise die Möglichkeit, durch Identifikation und Phantasie andere Welten zu erschaffen und damit zu experimentieren. Darum kann es sinnvoll sein, solche »Auszeiten« bewusst in den Tagesablauf zu integrieren. Das kann am Morgen geschehen, wenn der Schlaf oder die Träume thematisiert werden, am Mittag, wenn die Erlebnisse aus Kindergarten und Schule zu verarbeiten sind, und besonders wichtig am Abend als Tagesrückblick. Sowohl Eltern als auch Kinder schränken das mögliche Wahrnehmungsspektrum von Lebenswelten unnötigerweise ein, wenn sie diese Möglichkeiten nicht ausschöpfen.

In diesem Zusammenhang sei auch das *Gebet* genannt. Zunächst aber eine Beobachtung aus einem nicht-religiösen Kontext: Wohl jeder Mensch hat schon einmal für einen anderen »den Daumen gedrückt« oder gesagt: »Ich denke an dich.« Damit wird unterstellt, dass Gedanken und Wünsche Entfernungen überbrücken können. Allein schon das Aussprechen von Gedanken, Wünschen, Dank oder Bitte hat etwas Heilsames, wenn es nicht sofort einer Zensur oder Kommentierung unterliegt. Es lenkt ab von eigenen Begrenzungen und fördert das Sich-Einlassen auf ein Urvertrauen in die Welt. Eltern können erleichtert und gelassen konstatieren, dass nicht alles Wohl und Wehe für ihre Kinder vom eigenen Vermögen oder von ihren Fehlern abhängig ist.

Die Weite, die beim Beten dadurch gewonnen wird, dass die eigene Anstrengung einmal zurücktritt, kann zur Lösung mancher Probleme führen, denen auf andere Weise nicht beizukommen ist. Entschuldigungen können ausgesprochen werden, die einem an anderer Stelle zu peinlich wären, ebenso Bitten, die ohne diesen Kontext nicht gewagt würden. Verhärtetes wird gelöst, Erwünschtes wird gebunden. Das Gebet zu Gott, Jesus Christus, Allah oder dem Schutzengel ermöglicht darüber hinaus, Anliegen nicht nur auszusprechen, sondern an eine andere, höhere Instanz abzugeben. Das ist wiederum für alle Beteiligten entlastend, weil die Eltern in den Augen der Kinder auch noch einmal »überboten« werden und die Eltern sich wiederum zurücknehmen können und nicht auf alles eine Antwort wissen müssen. Ohnmachtserfahrungen können der Gewissheit weichen, dass positive Entwicklungen möglich sind (»Es wird alles wieder gut!«). Manchmal ist Gott die einzige Instanz, an die sich Kinder in ihrer Not oder mit ihrer Klage wenden können. Einer repräsentativen Umfrage zufolge betet ein Viertel der befragten Mütter und Väter mit ihren bis dreijährigen Kindern vor dem Schlafengehen und bei Eltern mit Sieben- bis Zwölfjährigen ist es noch jeder Fünfte.[31]

Zwischen frei formulierten und vorgegebenen Gebeten sollte kein falscher Gegensatz aufgebaut werden. Letztere können dann hilfreich sein, wenn die eigene Sprache erschöpft ist oder eine Situation so lähmend ist, dass man keine adäquaten Worte findet.

Gebete sind nach Form und Inhalt in gewisser Weise ein Fremdkörper im Alltagsgeschehen. Sie fügen sich nicht ohne weiteres in den Ablauf ein und erfordern eine genuine Art der Einstimmung. Manchen Eltern ist das auch peinlich und darum zögern sie zu beten. Generell aber lässt sich sagen, dass gerade solch fremde Elemente, weil sie eben nicht ständig vorkommen, ein Kraftpotential enthalten. Durch die Fremdheit kann eine verfahrene Situation zum einen befreiend aufgebrochen und zum anderen allzu Persönliches auch wieder »verfremdet« werden. Der Besuch einer Kirche kann in diesem Zusammenhang für Kinder wichtig sein, selbst wenn sie nicht in einem bestimmten Glauben erzogen werden sollen.

Die Gebetssituation eignet sich auch in besonderer Weise zur Gestaltung von Ritualen. Eine spezielle Kerze (Taufkerze, Geburtstagskerze, selbst gestaltete Kerze) fördert die Konzentration auf das Ritual. Kleine Handlungen kommen dem magischen Verständnis der Kinder entgegen, sind aber auch für Erwachsene nicht peinlich. So kann z. B. kann ein Wunsch aufgeschrieben oder gemalt werden und mit dem Feuer dieser Kerze verbrannt werden, um den Wunsch, die Bitte, den Dank »ins Universum« oder zu Gott zu schicken und ihn selbst loszulassen. In solchen Situationen geschieht etwas, das über das Planbare hinausgeht: Es entwickelt sich eine Atmosphäre, die mit den Begriffen schön oder friedlich allein nicht hinreichend definiert ist. Vielmehr überkommt die Beteiligten oft das Gefühl von etwas Heiligem. Dieses Gefühl kann, muss aber nicht religiös fundiert sein. Es bedeutet, dass sich etwas ereignet, das unseren Willen und unsere Absicht transzendiert und auf eine ganz besondere Weise wohltut. Aus solchen Erfahrungen kann für Kinder später etwas entstehen, das für sie unbedingte Wichtigkeit hat, das ihnen »heilig« ist.

Wenn wir die Resonanztheorie von Friedrich Cramer zugrundelegen und uns auf den Gedanken einlassen, dass das Leben Schwingung und Klang ist, werden wir das Bestreben haben, in Ein-Klang zu kommen. Im Singen nehmen wir sozusagen Teil an einem geordneten Kosmos, der die eigene (emotionale) Unordnung neu strukturieren kann. Wir singen ihn geradezu in uns hinein und erfüllen damit den ganzen Körper. Darum erzeugt das Singen so vielfältige Wirkungen: Es kann trösten, beruhigen, jubeln lassen oder in einen Trance-ähnlichen Zustand versetzen. Kinder singen oft gegen die eigene Angst an und erfinden selbst Melodien und rudimentäre Texte, die außerhalb des Gesanges wenig Sinn erkennen lassen, aber in eben dieser präverbalen Weise ihren eigenen Sinn haben. Singen und Musik bringen uns in Kontakt mit elementaren Lebensenergien, und zwar noch einmal in einer anderen und oft auch wirkungsvolleren Art, als es auf rein verbale Weise möglich wäre.

Wie immer Beten oder Singen von Erwachsenen bewertet werden, sie sind jederzeit einsetzbare Möglichkeiten, die seelischen Selbstheilungskräfte zu aktivieren – und nicht nur das: Sprache mit all ihren Facetten und Varianten ist geeignet, das Bewusstsein und die Wahrnehmung zu erweitern. Wer zu beten oder singen vermag, dem stehen Texte und Melodien zur Verfügung, in denen man Heimat finden kann und die sich in Krisenzeiten als Ressourcen erweisen.

Schweigen und Stille

Auch das Schweigen gehört zur Kommunikation. Es gibt allerdings sehr unterschiedliche Arten des Schweigens: solche, die im Fluss des Lebens mitschwingen, und andere, die diesen Fluss hemmen. Das gemeinsame Schweigen etwa im Anblick von etwas Großartigem kann angemessener sein als das Reden darüber, das zu einem Zerreden werden kann, bei dem der ursprüngliche Eindruck sich auflöst. Ähnlich ist es nach der Beendigung eines Musikstückes, wo noch etwas nachklingen will, was einem »die Sprache verschlägt«. Wie beim »Sein-Lassen« kann sich auch im Schweigen etwas von selbst formen, das wiederum unser Lebensgefühl positiv beeinflusst.

Neben diesem sich sozusagen von selbst einstellenden Schweigen gibt es auch das bewusst eingesetzte. Das »beredte Schweigen« kann z. B. sehr wirkungsvoll sein, wenn das Kind unbegründete Behauptungen, offensichtliche Übertreibungen oder durchschaubare Lügen äußert. Hierzu beredt zu schweigen bedeutet, deutlich zu machen, dass man das Gesagte nicht gleichgültig zur Kenntnis genommen hat. Auf diese Weise wird die Resonanz zum Kind nicht abgebrochen, sondern es wird auf sich selbst zurückverwiesen und muss das Gesagte noch einmal überprüfen, korrigieren oder neue Argumente bringen. Nicht immer muss alles ausdiskutiert werden. Auch das »wissende« Schweigen macht deutlich: Ich verstehe dich. Es ist manchmal bei persönlichen Bekenntnissen oder peinlichen Geständnissen angebracht, die hervorzubringen schon an sich eine Leistung darstellt und die nicht immer kommentiert werden müssen. Es gibt manchmal keine intimeren Momente im Zusammensein zwischen Vater oder Mutter und Kind, als solche, in denen in stillem Einverständnis und Verstehen sich eine Atmosphäre des Geborgenseins und Vertrauens ausbreiten kann. Schweigen ist also nicht immer das Gegenteil von Reden und der Abbruch der Kommunikation, sondern eine eigenständige Kommunikationsweise. Vielleicht ist es gerade in unserer Zeit, in der von allen Seiten und pausenlos »geredet« wird, wichtig, dem Schweigen einen höheren Stellenwert zuzuerkennen.

Allerdings gibt es andere Arten des Schweigens, die eben doch ein Abbruch der Kommunikation sind. Dazu gehört das Schweigen aus einem Beleidigt-Sein oder als Form des Liebesentzugs. Energetisch gesehen hat auch hier etwas einem Menschen die »Sprache verschlagen« oder den »Atem stocken« lassen. Insofern ist die Reaktion erklärbar. Erziehende sollten aber in der Lage sein, sich Rechenschaft über ihre Gefühle zu geben und verbalen Entgleisungen ihrer Kinder anders zu begegnen als durch kaltes Schweigen, der einem Liebesentzug gleich kommt.

Es gibt Menschen, die bewusst ein »Haus der Stille« aufsuchen oder einen Ort der Ruhe. Manchmal aber reichen schon einige Momente, um zu erfahren, dass nicht nur das Reden, Diskutieren und Argumentieren zu Erfolgen führt, sondern auch und gerade im Schweigen sich neue Kräfte sammeln und neue Energien fließen können, die die Struktur des Miteinanders positiv und überraschend beeinflussen. Eine solche Ruhe oder Stille sollte nicht gestört werden, und wenn ein Kind selbstvergessen und versunken mit etwas beschäftigt ist, will es in dem Augenblick auch nicht gefragt werden, was es gerade tut.

Lernpsychologisch gesehen gibt es Hinweise, dass eine bestimmte Geräuschkulisse, etwa Musik im Hintergrund, die Konzentrationsfähigkeit fördert. Wenn ein Kind oder ein Erwachsener jedoch ständig eine solche »Berieselung« benötigt, stellt sich die Frage, ob damit nicht andere wichtige Energien »zugedeckt« werden. Und in den sogenannten »Stilleübungen« soll ja gerade ein Gespür dafür geweckt werden, welche kreativen Möglichkeiten einer bewussten und konzentrierten Stille entspringen können.

Weiterführende Fragen

- Haben Sie schon einmal bewusst wahrgenommen, wie Sie mit Ihren Kindern sprechen?
- Sprechen Sie mit ihnen anders als z. B. mit einer Freundin?
- Gibt es eine bestimmte Kindersprache? Welche Wirkung hat diese?
- Welche Kosenamen haben Sie für Ihre Kinder? Welche Kosenamen hatten oder haben andere Menschen für Sie? Was fühlen Sie, wenn diese Kosenamen ausgesprochen werden?
- Was wissen Sie darüber, warum Ihre Eltern Ihren Vornamen ausgewählt haben?
- Was verbinden Sie mit den Vornamen Ihrer Kinder? Wissen Ihre

Kinder, warum Sie ihnen diese Vornamen und keine anderen gegeben haben?

- Wie lassen Sie sich von Ihren Kindern ansprechen? Gibt es einen Unterschied, wenn die Kinder Sie mit Mama oder Papa oder mit Ihrem Vornamen anreden?
- Welche sprachlichen Differenzierungen haben Sie durch Ihre Kinder gelernt (z. B. konkrete Vogel- oder Pflanzennamen, Zuordnung der Namen für Sterne, Mineralien, Automarken etc.) Wie hat sich dadurch Ihre Welt erweitert?
- Welche Schimpfworte benutzen Sie? Welche Ihre Kinder?
- Wie gehen Sie mit Lob und Tadel um?
- Kennen Sie die Wirkung von Machtworten? Können Sie Macht- und Kraftworte voneinander unterscheiden?
- Welche Erfahrung haben Sie damit gemacht, wenn Ihnen gegenüber jemand Kraftworte ausgesprochen hat? Welche Kraftworte haben Sie in der letzten Zeit Ihren Kindern, Ihrem Partner gesagt?
- Welche Art von Sprache können Sie bei Ihren Kindern nicht leiden?
- Wann unterbrechen Sie Ihre Kinder beim Sprechen? Welche Wirkung hat das für den Kommunikationsfluss?
- Welche positiven Wirkungen des Singens oder Betens haben Sie erfahren? Singen oder beten Sie gemeinsam mit Ihren Kindern?
- In welcher Situation haben Sie zuletzt gesungen oder gebetet? Welche Gefühle hatten Sie dabei? War es eher peinlich? Hat es Ihnen gut getan?
- Welche Erfahrungen haben Sie mit Stille gemacht? Können Sie sie gut aushalten?
- In welchen Situationen schweigen Sie? Sind Sie dann noch in positiver Resonanz mit Ihrer Umwelt?
- Suchen Sie bestimmte Orte auf, um in die Stille zu kommen?
- Welche Möglichkeiten sehen Sie, Ihrem Kind die Stille nahezubringen?

Handeln und Verhalten

Wenn von »verhaltensauffälligen« oder »verhaltensgestörten« Kindern gesprochen wird, bedeutet das ja, dass es auch ein unauffälliges, ungestörtes, ein sogenanntes »normales« Verhalten gibt. Aber was ist das eine, was das andere? Besteht auffälliges Verhalten nur darin, dass Kinder randalieren, Sozialkontakte ablehnen, die Schule verweigern, trotzig sind, oder ist es schon auffällig, wenn sie Erwachsene nicht grüßen, Unbekannte duzen, nicht mit Messer und Gabel essen? Was als normal gilt, ist heute durchaus umstritten. Es gibt keinen einheitlichen gesellschaftlichen Konsens mehr darüber, was »sich gehört«. Ist heute alles eine Frage des Aushandelns, der Übereinkunft geworden? Was die einen als unnormal oder auffällig ansehen, ist für andere ein erwünschtes Verhalten. Wollen die einen Eltern ihr Kind zur Gewaltfreiheit erziehen, ermuntern andere es, sich um jeden Preis durchzusetzen. Vor dieser Vielfalt der Vorstellungen und Meinungen haben viele Erziehende heute kapituliert.

Gelegentlich wird in der öffentlichen Meinung ein Unbehagen über das »ungezogene Verhalten« von Kindern wahrgenommen, das allerdings nur verhalten artikuliert oder diskutiert wird, um nicht als kinderfeindlich oder konservativ zu gelten. Andererseits freuen die meisten von uns sich immer wieder über »gut erzogene« Kinder. Gerade dieser Ausdruck aber ist in Misskredit geraten. Man verbindet mit ihm angepasste, dressierte Kinder, die sich ohne eigene Meinung den Wünschen der Erwachsenen fügen. Die Zeiten, in denen Erziehung autoritär war, liegen jedoch zum Glück hinter uns, und die meisten Eltern legen Wert darauf, ihre Kinder partnerschaftlich zu erziehen. Es ist eine positive Entwicklung, dass das Kind heute immer mehr als eigenständiges Subjekt wahrgenommen wird.

Das Problem ist also nicht mehr die (notwendige) Befreiung der Kinder aus der Tyrannei der Eltern, sondern oft umgekehrt: die Befreiung der Eltern (und des Umfeldes) aus der Tyrannei ihrer Kinder. So jedenfalls beklagen es viele Mütter und Väter in Beratungsgesprächen und in Elternkursen und fühlen sich ihren Kindern oft hilflos ausgeliefert. Der Kinderpsychiater Michael Winterhoff hat in seinem Bestseller, der das Thema an die breite Öffentlichkeit gebracht hat, Kinder als Tyrannen bezeichnet (und Eltern für unfähig erklärt, ihre Kinder zu erziehen).[32] Wir teilen seine Verallgemeinerungen nicht und unterscheiden tyrannische Verhaltensweisen von einem »Kind als Tyrannen«, das mit dieser Definition letztendlich in seiner Rolle ebenso festgeschrieben wird wie die »erziehungsunfähige Mutter«. Ein ressourcenorientierter Ansatz, wie er von Haim Omer und Arist von Schlippe angeboten wird und der von der Stärke der Eltern und der Kinder ausgeht, durch die tyrannische Verhaltensweisen gebremst werden, entspricht eher unserer Anthropologie.[33]

Gerade weil es nur noch wenige verbindliche Maßstäbe für korrektes Verhalten gibt, ist es umso wichtiger, bestimmten Gesetzmäßigkeiten des Lebens zu folgen. Sie sind es nämlich, die innerhalb ihres Rahmens überhaupt erst Freiheit zur Selbstentfaltung ermöglichen.

Jeder Mensch jeden Alters muss sich zu jeder Zeit zu etwas verhalten. Leben heißt, im Verhältnis zu stehen, zu interagieren, verbunden zu sein. Autismus wird als Krankheit angesehen. Das Verhalten ist aber nicht beliebig, sondern hat Konsequenzen. Wer sich im Straßenverkehr falsch verhält, bekommt eine Strafe oder verursacht einen Unfall. Allerdings sehen immer weniger Menschen ein, sich falsch verhalten zu haben, und versuchen, mit Hilfe von Anwälten ihr vermeintliches Recht durchzusetzen. Welche Konsequenzen das für eine hochentwickelte und hochempfindliche Gesellschaft hat, kann man sich leicht ausmalen.

An einigen elementaren Beispielen wollen wir im Folgenden die energetischen Konsequenzen aufzeigen, die ein bestimmtes Verhalten haben kann. Zu diesem Zweck werden wir uns auch einiger »Reizwörter« bedienen. Wir tun das nicht, um sie unter der Hand wieder salonfähig zu machen, sondern um zu sehen, welches Potential mit ihnen verlorengehen ginge, wenn sie aus unserem Sprachschatz und Bewusstsein getilgt würden.

Höflichkeit, Anstand, gutes Benehmen – Reizwörter oder zeitlose Werte?

Zugegeben, auch diese Begriffe sind häufig zu sogenannten »Plastikwörtern« geworden. Sie vermitteln nicht mehr das, was sie ursprünglich beinhalteten. Das Wort Höflichkeit z. B. ist die Eindeutschung des französischen »Courtoisie« und meinte ursprünglich tatsächlich das Benehmen am Königshof. Damit assoziiert aber waren Ritterlichkeit, Tapferkeit, Rücksichtnahme, Korrektheit usw. Weil vieles davon zur leeren Form zerronnen ist oder zur Sache von »Eliten« wurde, hat sich ein Misstrauen dagegen eingeschlichen, das zwar nicht gänzlich unberechtigt ist, andererseits aber die Wahrnehmung einschränkt. Spätestens bei der Bewerbung um einen Ausbildungsplatz ist korrektes Benehmen wieder gefragt, und in Bewerbungsgesprächen wird schon deutlich, ob sich eine solche Haltung von innen entwickelt hat oder nur aus strategischen Gründen kurzfristig eingeübt wurde. Die Knigge- und Bewerbungskurse für junge Menschen haben momentan großen Zulauf, da es anscheinend die Karrierechancen erhöht, wenn man sich in bestimmten Situationen zu benehmen weiß.

Höflich ist es zum Beispiel, Bitte und Danke zu sagen, einander zu begrüßen, Älteren einen Platz anzubieten. Warum? In Dank und Bitte nehme ich den anderen als Person wahr und nicht als Dienstleister, der mir etwas schuldet. »Das steht mir zu« ist ein geflügeltes Wort geworden. Warum soll ich mich bedanken für etwas, das man mir ohnehin nicht verweigern darf? Natürlich hat ein Kind »Anspruch« auf eine bestimmte Versorgung und Behandlung, in Bitte und Dank äußert sich aber der Mehrwert von Geben und Nehmen jenseits einklagbarer Ansprüche. Es ist das soziale »Schmieröl«, das deutlich macht: Es gibt mehr als käufliche oder beliebig vorhandene Ware, sondern es geht hier um eine Gabe, bei der Liebe, Zuneigung und Freundlichkeit des Gebers oder der Geberin mitschwingen.

Dieser Mehrwert macht die bloße Existenz überhaupt erst zu etwas, das wir »Leben« nennen. Derjenige, dem nur ein Existenzminimum zur Verfügung steht, hat selten große Lebensqualität. Das gilt nicht nur in finanziellen Angelegenheiten. Höflichkeit ist in vielen Fällen tatsächlich »überflüssig«. Es geht auch ohne, aber vitale Lebensenergien geraten dann ins Stocken. Weil Kinder in den ersten Lebensmonaten natürlich alles Notwendige ohne Bitte und Dank bekommen, entwickelt sich diese Höflichkeit nur durch Vorbild und Einübung. Schulkinder haben wenig Lust, in ihrer Freizeit auch noch einen Dankesbrief an die Oma zu schreiben, man kann ihnen aber vermitteln, dass es sich dabei um einen kleinen Ausgleich handelt für die Überlegungen und Mühe der Schenkenden. Eine solche Einübung ist keine Dressur, keine Anleitung zur Heuchelei angesichts der Tatsache, dass solch ein tiefer Dank gar nicht empfunden wird, sondern es ist ein behutsames Sich-Anschließen an Kraftquellen des Lebens, die mich und andere auf Dauer mit Lebensfreude versorgen können. Das ist auch ein Grund, warum Kinder lernen, etwas umsonst zu tun. Nicht nur Geld oder Sachwerte sind ein Ausgleich, sondern oft reicht der Dank für etwas »Selbstverständliches«.

Menschen begrüßen sich, wünschen sich einen guten Tag, fragen danach, wie es dem anderen geht, und wollen gar keine präzise Auskunft haben. Heuchelei? Auch im Gruß nehme ich den anderen als Person wahr, nicht als Konkurrenten, Feind oder »Luft«. Das Händereichen und Schütteln war ursprünglich ein Zeichen dafür, dass man unbewaffnet und friedlich war. Wenn Kinder, die uns kennen, nicht grüßen, haben wir unwillkürlich das Gefühl, sie hätten etwas gegen uns, wir seien nicht wichtig oder seien eine Art Feind. Und Grußverweigerung ist ja auch oft der Beginn einer Feindschaft. Beim Händeschütteln oder Umarmen oder dem Kuss geschieht aber noch mehr: Es wird Lebensenergie übermittelt, genauso wie beim Körperkontakt der Eltern zum Kind. Das bloße »Hallo« oder »Hi« kann darum auch bedeuten: Bleib mir mit deinen Energien vom Leibe. Kinder haben ein gutes Gespür dafür, ob ihnen jemand zu nahe kommt, und darum hat ein verweigertes Küsschen nichts mit genereller Abneigung zu tun, sondern mit dem Wahrnehmen und Schützen der eigenen Grenzen. Höflichkeitsrituale haben also auch eine wichtige Funktion bei der Regelung von Distanz und Nähe. Das wird besonders deutlich, wenn Kinder, die schon zwischen Familie und Fremden unterscheiden können, Erwachsene ungefragt duzen. Hier wird eine Nähe hergestellt, die nicht jeder will, und wenn doch, liegt es an ihm, ein solches Angebot zu machen.

Begrüßungen und Verabschiedungen haben noch eine andere Funktion: Sie vergewissern uns unserer Zusammengehörigkeit. Die

Begrüßung signalisiert: »Schön, dich wiederzusehen«; der Abschied bedeutet: »Ich möchte dich wiedersehen.« Die Begrüßung eröffnet einen Raum der Gemeinschaft, der Abschied schließt ihn in der Erwartung des Wiedersehens. Bleibt das Abschiedsritual aus, ist eine Gestalt nicht geschlossen. Wenn nach einer Feier oder nach sonstigem gemeinsamen Tun die Kinder grußlos weglaufen, entsteht leicht ein Gefühl des Verlassen-worden-Seins. Und in der Tat geschieht ein »Verlassen« meist grußlos.

Als wir vor einigen Jahren in ein Dorf zogen, waren wir erstaunt, von fremden Kindern gegrüßt zu werden. Auf die Nachfrage bei einer Nachbarin antwortete sie: »Alles, was zwei Beine hat, wird gegrüßt. Unsere Kinder lernen es so, weil wir es auch tun.« Und in der Tat, auch die Erwachsenen in dem kleinen Dorf grüßen sich und uns. Das gibt ein Gefühl der Zugehörigkeit und des Wahrgenommen-Werdens.

Und hier sind wir bei der Frage der Hierarchie. Auch ein Reizwort. Aber es nützt nichts, zu behaupten, es gebe keine Unterschiede, wenn sie sich sehr wohl zeigen. Ein Kind hat weder alle Rechte noch alle Pflichten der Erwachsenen. Es kann in vielerlei Hinsicht Rücksicht und Nachsicht erwarten. Es muss aber auch lernen, selbst Rücksicht zu nehmen. Wenn Jüngere den Älteren den Vorrang lassen oder ihnen einen Platz anbieten, ist diese Höflichkeit eine Hilfeleistung. Indem Kindern erklärt wird, welch wichtige Funktion sie durch ihre Hilfe erfüllen, werden sie in ihrer Verantwortung gestärkt. Das gilt natürlich für alle Hilfeleistungen. Der Satz: «Ohne dich schafft es der Opa nicht« wirkt anders als »Trag dem Opa mal die Einkaufstasche«. Sinnvolles Tun für andere und damit eine Sinnorientierung ist nach dem Modell der Bedürfnispyramide des humanistischen Psychologen Abraham Maslow[34] ein wesentliches Grundbedürfnis des Menschen, das bei Kindern, denen alles abgenommen wird und die keine Aufgaben zu übernehmen haben, radikal vernachlässigt wird.

Der »Respekt«, der oft angemahnt wird, ist der lateinische Ausdruck für Rücksicht, und er bedeutet nicht, devot eingeschüchtert zu sein, sondern wörtlich –, im Gegensatz zur Vorsicht – die Sicht nach hinten, weil dort möglicherweise jemand zurückbleibt, der meiner Unterstützung bedarf.

Viele andere Regeln des Anstands und des Benehmens, die wir hier im Einzelnen nicht aufzählen, haben ihren ursprünglichen

Grund im sozialen Zusammenleben der Menschen, ähnlich wie die Zehn Gebote, die ja auch kein Verbotskatalog sind, sondern die Anleitung für ein gelingendes Leben, weil sie die Bedingungen für ein geordnetes Zusammenleben ebenso ansprechen wie die Gefahren, die es in Frage stellen können. In diesem Sinne sind viele »Höflichkeitsfloskeln« daraufhin zu untersuchen, inwieweit sie dem (Zusammen-)Leben dienen, oder ob sie doch funktionslos geworden sind. Interessant ist aber schon, dass immer mehr Eltern ihre halbwüchsigen Kinder in Benimm- und Kniggekurse schicken, damit sie es bei der Bewerbung oder im Beruf leichter haben. Vielleicht ist es auch ein Zeichen dafür, dass Menschen auf Dauer weder in der reinen Formlosigkeit leben können noch in einem ständigen Aushandeln dessen, wie man sich benehmen sollte. Nach den »Fünf Säulen der Erziehung« würde hier die Säule der Struktur ebenso angesprochen wie die der Achtung.[35]

Sich kleiden und präsentieren

Unser Verhältnis zur Kleidung orientiert sich, grob gesprochen an vier Gesichtspunkten: Funktionalität, Qualität, Mode und Individualität. Alles, was nicht zur beruflichen Ausstattung gehört, firmiert unter dem Begriff Freizeitkleidung, ausgenommen die Kleidung für besondere Anlässe und Feste. Kleinere Kinder sind in der Regel mit robuster Kleidung, in der sie sich schmutzig machen dürfen, zufrieden«, möchten sich aber für besondere Anlässe auch gern »fein machen«. Oft haben sie ein Lieblingsteil, eine bestimmte Mütze oder einen Schal, der mit einer besonderen Bedeutung aufgeladen ist, sei es als Symbol einer Medienfigur, eines Sportvereins oder als ein besonderes Geschenk. Hiervon trennt sich das Kind manchmal selbst nachts nicht, sonst kann es nicht einschlafen.

Die fetischhafte Aufladung der Kleidung wird mit zunehmendem Alter immer wichtiger. Viele Eltern bespötteln aber ihren Nachwuchs wegen der »Geschmacklosigkeit« der Kleidung oder weil es sich stets um angesagte Markenartikel handeln muss. Erwachsene wissen aber gar nicht, wie und als wer sich die Jugendlichen in bestimmter Kleidung fühlen – und diese wollen auch meist gar nicht, dass die Eltern es wissen. Es ist die probeweise

Umsetzung der Redensart »Kleider machen Leute«. Für die eigene Identitätsfindung ist es wichtig, die Wirkung auf andere zu testen. Ähnlich verhält es sich, wenn Kinder bestimmte Schimpfwörter oder einen aktuellen Jargon benutzen. Erst wenn das zum Dauerzustand wird und die Eltern sich verletzt fühlen, ist Grund einzugreifen.

Natürlich gibt es auch in Sachen Kleidung einen Gruppenzwang. Häufig wird umgesetzt, was die Medien oder die Werbung suggeriert: Mit bestimmten Sachen fühlen sich Jugendliche wie das Idol, das diese Kleidung trägt. Und da auch Erwachsene auf die Tricks der Werbung gerne und sehenden Auges immer wieder hereinfallen, besteht kein Grund, Jugendliche deswegen zu tadeln. Ein eigener Stil kann sich erst durch das Erproben vieler Möglichkeiten herausbilden. Manchmal kann es aber auch angezeigt sein, darauf hinzuweisen, dass unter der modischen Uniformität die eigene Individualität unterzugehen droht. Generell aber gehört die Kritik an der Kleidung oder Frisur zu den brisantesten Themen, weil hier nichts weniger zur Diskussion steht als die ganze Persönlichkeit, die sich eben dieses spezielle Image zugelegt hat. Natürlich wollen sich Heranwachsende auch durch ihr Äußeres von den Erwachsenen unterscheiden. Das wird so lange toleriert, wie die Eltern nicht das Gefühl haben, sich mit dem Auftreten ihrer Kinder zu blamieren oder sich ästhetisch »gestört« fühlen. Mit der Kleidung werden die Rollen und damit auch die Identität gewechselt, nicht nur zu Karneval oder bei Verkleidungsspielen. Je nach Kleidung fühlt man sich anders und zieht sich schon darum gerne zu besonderen Anlässen anders an.

Nun gibt es heute kaum noch Kleidungsvorschriften oder eine diesbezügliche Norm, und wir plädieren keineswegs dafür, sie wieder einzuführen. Und doch wäre es eine Unterlassung, nicht darauf hinzuweisen, dass das Verhalten, zu dem hier auch das Sich-Kleiden gehört, eine Hilfe sein kann, um für sich selbst und andere eine besondere Veranstaltung (Fest, Theater, Gottesdienst, Bewerbung) mitzugestalten. Wenn alle oder viele nichtalltäglich gekleidet sind, kann sich dadurch besser eine feierliche Atmosphäre aufbauen. Eine Atmosphäre entsteht je nach den Bedingungen, die jede/r Einzelne mitbringt. Eine Arbeitsatmosphäre entwickelt sich unter anderen Bedingungen (auch von der Kleidung her) als die des Feierns. Im Übrigen ist es auch eine Frage der Achtung, die gegenüber denen zum Ausdruck gebracht wird, die um ein Gelingen der Feier bemüht sind.

Es ist aber auch wichtig, dass Erwachsene lernen, respektvoll mit den aktuellen modischen Trends von heranwachsenden Jugendlichen umzugehen. Meist ändern sich diese Strömungen sehr schnell. Außerdem wollen (und müssen aus Gründen der Abgrenzung von den Erwachsenen) Jugendliche mit ihrem Outfit provozieren. Als Erwachsener kann und muss ich mich dazu verhalten, wenn es mich z. B. stört, dass mein Sohn mit einer tief ins Gesicht gezogenen Mütze am Tisch sitzt. Meine Reaktion zeigt auch, dass ich ihn wahrnehme. Ich kann äußern, dass die Mütze mich stört und darum bitten, sie zumindest zu Zeiten, an denen wir zusammen sind, abzunehmen. Ich kann die Situation aber auch mit Humor kommentieren oder nach einer knappen Bemerkung mit Geduld darauf warten, dass diese Phase vorbeigehen wird. In den meisten Fällen geht sie vorbei.

Geld sparen und ausgeben

In irgendeiner Form ist das Geld wohl Thema in jeder Familie. Kinder bekommen ein Taschengeld, dessen Höhe von Zeit zu Zeit verhandelt wird. Je nach Alter können sie sich zu Hause oder auswärts etwas dazuverdienen. In den meisten Familien werden sie zum Sparen angehalten, da es wichtig ist, seine Ressourcen zu bewahren. Aber Sparen ist nur die eine Seite. Die andere, genau so wichtige, ist das Verteilen. Schon in der Bibel wird der sogenannte »Zehnte« erwähnt, d. h. zehn Prozent des eigenen Erwerbs wurden an andere abgegeben. Dieser Brauch hat sich in manchen christlichen Gemeinschaften bis heute erhalten. Der Zehnte kam und kommt aber nicht nur den Bedürftigen zugute, sondern, so die Erfahrung, bereichert letztlich wiederum die Gebenden, durchaus auch materiell. Aus diesem Grund ist es auch nicht unwichtig, Kindern den Sinn des Spendens zu erklären und mit ihnen zu praktizieren. Sie sollten schon früh die Erfahrung machen, dadurch selbst nicht ärmer zu werden. Auch wenn es sich ein wenig betulich anhört: Geld und Liebe vermehren sich durch Schenken.

Nun hören unsere Kinder aber auch: »Geiz ist geil«, und nehmen das oft nicht als Werbestrategie, sondern als Lebensweisheit.

Hier ist es wichtig, den Unterschied zwischen Geiz und Sparsamkeit zu verstehen. Sparsamkeit kann ja durchaus darin bestehen, etwas Teureres, dafür aber Haltbareres zu kaufen. Das Billige hat die energetische Aussage: »Wenn es kaputt geht, kauft man eben was Neues, ist ja billig.« Auf diese Weise wird verhindert, Achtsamkeit gegenüber dem zu entwickeln, womit wir uns umgeben.

Wenn Kinder sparen, dann tun sie das in der Regel nicht für langfristige Ziele, sondern zur baldigen Erfüllung spezieller Wünsche. Grundsätzlich haben Kinder das Recht, von ihrem Ersparten zu kaufen, was sie wollen, es sei denn, die Eltern sind aus erklärten Gründen gegen das Handy, den Computer usw. Was manche Erwachsene als unnütze Verschwendung ansehen, ist für Kinder eine wichtige Erwerbung. Außerdem lernen sie selbst, vorsichtiger beim Kaufen zu sein, wenn sie ihr Geld »verschleudert« haben.

Inwieweit die Kinder über die finanziellen Verhältnisse ihrer Familie informiert sein müssen, ist im Einzelfall zu entscheiden, es kann aber der Fall eintreten, wo es ehrlicher und klarer ist, ihnen zu sagen: »Dafür haben wir kein Geld«, statt Zuflucht zu nehmen zu dem eher moralisierenden: »Das ist unnützes Zeug.« Dass manche Familien mehr Geld, andere weniger haben als man selbst, ist eine Erfahrung mit Ungleichheit, die Kindern transparent gemacht werden muss, damit sie nicht entweder neidisch auf die einen oder überheblich auf die anderen schauen.

Eine alte Redensart lautet »Besitz verpflichtet«. Damit wird ausgedrückt, dass diejenigen, die, aus welchen Gründen auch immer, mehr besitzen als andere, damit eine Verantwortung gegenüber dem Gemeinwohl haben. Das Sponsoren- und Mäzenatentum zeugt davon. Aber auch in kleinerem Rahmen ist es sinnvoll, Kindern gelegentlich zu sagen: »Wir haben genug, wir können davon abgeben.«

Wahrscheinlich nimmt das Thema Geld öffentlich und privat einen viel zu großen Raum ein, und unsere Kinder werden dadurch infiziert. Es gibt ja kaum noch ein Privatgespräch, in dem das Geld nicht vorkommt. Wie sollen Kinder da lernen, dass es Wichtigeres im Leben gibt? Im Übrigen sind die Turbulenzen an den Finanzmärkten auch ein Anlass, unser Sicherheitsdenken zu überprüfen. Das Leben bleibt grundsätzlich ungesichert und in der Entwicklung offen.

Esskultur und Tischgemeinschaft

Hunger und Durst sind Empfindungen, die nur sehr begrenzt unserem Willen unterliegen. Darum ist die Nahrungsaufnahme zunächst eine körperliche Notwendigkeit. Darüber hinaus hat sich jedoch in allen Kulturen eine »Esskultur« entwickelt, die große Auswirkungen auf das soziale Leben hat. Wie kommt das, während z. B. ein anderes körperliches Bedürfnis, die Ausscheidung, wohl kaum mit dem Begriff Kultur belegt wird?

Zunächst dürften zwei Gründe eine Rolle spielen: Zum einen setzt Essen voraus, dass man Nahrung anbaut oder findet, was je nach Witterung oder Jahreszeit mehr oder weniger leicht ist, zum anderen ist es verbunden mit Eingriffen in die Natur und, im Falle des Fleischverzehrs, mit dem Töten von Tieren. War Nahrung vorhanden, zeigten sich unsere Vorfahren dankbar (ein Relikt dieser Zeit ist das Erntedankfest); wenn man ein Tier tötete, hatte man ein schlechtes Gewissen, wies auf die Notwendigkeit hin, entschuldigte sich und gab der Gottheit einen Anteil ab.

Die Esskultur hat sich über die Jahrhunderte verändert, verfeinert und auch wieder vergröbert. Für unsere reichlich mit Nahrung versehene Gesellschaft bedeutet das auf der einen Seite Ess- und Koch-Events, die quasi-religiös zelebriert und im Fernsehen übertragen werden, auf der anderen Seite Fastfood und das Auseinanderfallen der Tischgemeinschaft, z. B. wegen unterschiedlicher Arbeits- und Schulzeiten. Das Essen hat aber auch eine enorme soziale Komponente, das weiß jeder, der schon einmal allein in einem Restaurant gespeist hat. Das gemeinsame Essen schafft ein Zusammengehörigkeitsgefühl für die Familie oder den Freundeskreis. Darum gehört zur Gastfreundschaft, einem Gast als erstes etwas anzubieten, unabhängig davon, ob er Hunger oder Durst hat. Es kommen weitere Faktoren ins Spiel: Was bereite ich wie zu, wo besorge ich mir die Lebensmittel, wie decke ich den Tisch, um die Sinne zu stimulieren? Hier baut sich atmosphärisch etwas Positives auf. Damit haben wir aber schon einen Ausnahmefall geschildert: das Festessen. Es muss auch ein Ausnahmefall bleiben, weil nicht jeden Tag ein Fest zu feiern ist, aber es muss ihn auch geben, um den Alltag zu strukturieren und sich hin und wieder der Zusammengehörigkeit zu vergewissern (Geburtstage, Kindergartenfeste, Weihnachten usw.).

Das Essen im normalen Alltag sieht meist anders aus. Hier wird aus der Kultur oft wieder schlichte Sättigung. Das ist manchmal weder zu vermeiden noch besonders schlimm, aber auf Dauer führt es zu einer Verarmung der Lebensqualität. Wir blenden jetzt darum einmal all die Umstände aus, die zu dieser Verarmung führen und sie auch erklärbar machen, und zeichnen ein Idealbild, das in dieser Form sicher nicht immer zu erreichen, aber auch nicht vollkommen unrealistisch ist. Es geht auch hier wieder um die Frage nach den energetischen Konsequenzen unseres Verhaltens.

Das Frühstück gilt als die körperliche Grundlage für den Tag. Aber es ist mehr. Dem Frühstück war der abendliche Abschied vorausgegangen. Nun ist die Bewusstlosigkeit des Schlafes beendet. Man kommt wieder ins Leben. Die Nahrungsaufnahme zeigt, dass es weitergeht. Kranke und Depressive haben dagegen keinen Appetit. Manchmal freuen wir uns auf das Frühstück. Wenn der Kaffee duftet und schmeckt, duftet und schmeckt auch schon der Tag. Wenn allerdings jetzt erst ungelöste Probleme des Vortags zur Sprache kommen, vergeht einem der Appetit. Mit Ärger startet man schlecht in den Tag. Die Essenszeit ist grundsätzlich nicht geeignet, Konflikte zu bearbeiten, weil sich der Magen verkrampft. Auch Arbeitsessen sind unter diesem Gesichtspunkt fragwürdig. Im Idealfall haben sich alle in der Familie beim Frühstück gesehen, begrüßt und sich anschließend verabschiedet, d. h. Kinder und Erwachsene haben sich der Zuverlässigkeit der Lebens- und Sozialfunktionen versichert. Ein fehlendes Frühstück hat also nicht nur Konsequenzen für die körperliche und geistige Leistungskraft, sondern auch für den seelischen Haushalt und die daraus resultierende Standfestigkeit.

Wir gehen jetzt von dem sehr selten gewordenen Fall aus, dass sich die Familie oder einzelne Angehörige um die Mittagszeit wiedertreffen, das meiste des Gesagten trifft aber auch für das Abendessen zu. Vielleicht plant man (wenigstens einmal in der Woche) gemeinsam und bereitet das Essen zusammen vor. Hier gäbe es viele Übungsfelder, um die Erziehungssäule »Kooperation« erlebbar zu machen. Zunächst entsteht wieder das gewohnte soziale Umfeld, in dem Kinder und Erwachsene von ihren Erlebnissen erzählen und manches auch abladen können. Die Kinder freuen sich, wenn sie beim Kochen experimentieren dürfen oder eigene Gerichte erproben können. Manchmal gibt es das Lieblingsgericht, das dem Kind auf nonverbale Weise die Liebe und Verlässlichkeit der Eltern zeigt. Fertiggerichte sagen: Heute muss es mal schnell gehen. Die Reste von gestern vermitteln: Unverdorbene Lebensmittel wirft man nicht einfach weg. Die Verwendung regionaler und saisonaler Ware lässt das Kind erfahren, dass es nicht nötig ist, zu jeder Jahreszeit alles essen zu können und fördert damit den Respekt vor der Natur. Das Gefühl der Verlässlichkeit wird dadurch stabilisiert, dass man sich gegenseitig Speisen und Gewürze reicht und gemeinsam beginnt und endet.

Ein Tischgebet öffnet die Dankbarkeit für das eigene Wohlergehen. In einem freien Gebet kann auch hin und wieder die Tatsache bedacht werden, dass wir den Genuss der Speisen der Arbeit vieler Menschen verdanken, aber auch, dass wir immer auf Kosten anderen Lebens existieren, weil wir es durch das Essen von Pflanzen und Tieren vernichten. Vielen Eltern ist ein Tischgebet zu fromm, sie weichen auf ein allgemeines »Guten Appetit« aus oder auf den bekannten Spruch: »Piep, piep, piep, wir haben uns alle lieb. Jeder esse, was er kann, nur nicht seinen Nebenmann.« Es ist diesen »Ersatzgebeten« anzumerken, dass sie etwas Wichtiges ersetzen und die Gemeinschaft stützen sollen, aber letztlich doch banal bleiben.

Esskultur und Tischsitten bedingen einander. Wenn Eltern selber sorgsam mit dem Zubereiten und Essen der Speisen umgehen, können Kinder sich das abschauen. Vielleicht sind dann noch kleine Korrekturen nötig, die in sachlicher Form wie bei der Einübung eines Handwerks erfolgen: »Du nimmst besser das Messer zum Zerkleinern statt die Gabel« und nicht moralisch-emotional: »Furchtbar, dir beim Essen zuzuschauen«, oder: »Kannst du nicht vernünftig essen?«. Sachlich und authentisch ist aber auch der Hinweis auf die eigene Befindlichkeit: »So, wie du dich benimmst, vergeht mir der Appetit.«

In katholischen Kreisen gibt es (immer weniger) die Sitte, am Freitag im Gedenken an Jesu Tod auf Fleisch zu verzichten und den (früher billigeren Fisch), der ein Christussymbol ist, zu essen. Denkbar ist auch, einmal in der Woche bewusst bescheiden zu essen und das dadurch eingesparte Geld für einen konkreten Zweck zu spenden. Hier kommt das Gesetz des Ausgleichs zum Tragen: Für das, was ich bekomme, muss ich auch etwas geben. Es ist im Grunde der oben erwähnte Opfergedanke, nur dass hier nicht das Opfer einer Gottheit zugutekommt, sondern Menschen. Für das gemeinsame

Essen in Kindergarten und Schule gelten ähnliche Wirkmechanismen.

In vielen Familien ist das Abendessen die einzige gemeinsame Mahlzeit, oft auch nicht täglich, aber wenigstens hin und wieder. Es gilt dabei im Prinzip alles, was über das Mittagessen gesagt wurde. Der Unterschied ist, dass es sich hier sowohl um ein Wiedersehens- als auch gleichzeitig um ein Abschiedsessen handelt. Kleinere Kinder gehen danach in der Regel ins Bett, die übrige Familie zerstreut sich zu eigenen Aktionen. Wenn Kinder diesen Abschied am Abendbrottisch möglichst lange hinauszögern wollen, ist das ein Zeichen dafür, dass sie die Vergewisserung durch die gemeinsame Atmosphäre noch nicht gegen die Ungewissheit der Nacht eintauschen möchten.

Es ist bekannt, das Eltern immer weniger Zeit haben, mit ihren Kindern gemeinsam zu essen oder das Essen vorzubereiten. Wenn es hin und wieder Zeiten gibt, zu denen das dann doch entspannt möglich ist, können alle Wirkmechanismen, von der Vergewisserung der sozialen Gemeinschaft bis hin zu Essensritualen und gemeinsamen Tischgesprächen, Auswirkungen auf den weiteren Familienalltag haben. Aufgabe der Kita und der Schule muss es in Zukunft sein, viele Elemente, die das gemeinsame Essen zu einer Gemeinschaftserfahrung machen, in ihrem Rahmen umzusetzen. Eltern können dabei einbezogen werden und sind oft gerne bereit, sich hin und wieder zu Essenszeiten einzufinden. Es ist auch ein Element von Erziehungs- und Bildungspartnerschaft, gemeinsame Erfahrungs- und Begegnungsräume in der Kita oder Schule für und mit Familien und Erziehenden oder Lehrerinnen und Lehrern zu gestalten. Die Zubereitung und das Essen selbst eignen sich hierzu sehr gut.

Übergänge im Leben gestalten

Geburt und Tod stellen die größten Übergänge des Lebens dar. Im Verlauf seiner Entwicklung hat der Mensch aber noch weitere Lebensübergänge zu bewältigen, so z. B. zwischen Kindheit und Jugend, Jugend und Erwachsensein, Ehelosigkeit und Partnerschaft, Paarbeziehung und Elternschaft. Rituale sollen Menschen auf unterschiedlichen Stationen ihres Lebens dabei helfen, in einem sozialen Rahmen etwas Vertrautes zu beenden und die Angst vor dem unbekannten Neuen zu bannen. Übergänge wurden vor allem in nicht-industriellen Gesellschaften als Auslöser von Krisen betrachtet, die Menschen nicht alleine bewältigen können und die dementsprechend rituell, eingebettet in das soziale Leben, gestaltet werden müssen. Der Begriff *Übergangsriten* (auch: *Passageriten, Übergangspassagen,* französisch *»rites de passage«*) stammt von dem französischen Anthropologen Arnold van Gennep, der darauf hingewiesen hat, dass rituelle Gestaltungen zur Absicherung und Begleitung eines noch ungesicherten Zustands dienen, der sich zwischen dem Anfang und dem Ende einer Übergangsphase befindet.

Van Gennep beobachtete drei Phasen von strukturellen Gestaltungsmerkmalen: zunächst die Phase der *Ablösung* (Separation), dann die besonders anfällige *Zwischenphase*, in der die bösen Kräfte unschädlich gemacht werden müssen, und abschließend die *Integrationsphase*, in der sich der Mensch in der neuen Identität vorfindet. Längst sind van Genneps Theorien auch im pädagogischen und psychologischen Kontext angekommen, so z. B. in der Transitionsforschung, wo die Übergänge des postmodernen Menschen, der immer mehr vom Familienmenschen zum institutionalisierten Menschen wird, genauer untersucht und deren Folgen beschrieben werden, z. B. Übergänge von der Familie in den Kindergarten, von dort in die Schule, danach in die Arbeitswelt, von der eigenen Wohnung ins Alten- oder Pflegeheim etc.

Es gibt pädagogisch sehr sinnvolle Konzepte, die z. B. den Übergang des Kindes von der Familie in den Kindergarten oder von dort in die Schule begleiten. Hierbei werden die mit der jeweiligen Transition verbundenen Belastungen, aber auch die Chancen als besondere Entwicklungsanforderungen verstanden, die durch intensive Lernprozesse bewältigt werden müssen.[37] So können die Entwicklungsaufgaben einer Familie etwa beim Übergang des Kindes vom Kindergarten in die Grundschule auf der *individuellen* Ebene bedeuten, die Veränderung der Identität für Kinder und Eltern (ein Schulkind bzw. Eltern eines Schulkinds zu werden) neu zu gestalten, starke Emotionen wie Angst und Ungewissheit aushalten und bewältigen zu lernen oder den Kompetenzerwerb zu begleiten. Auf der *interaktiven* Ebene gälte es, Veränderungen von Beziehungen zu integrieren, das Schließen neuer Freundschaften und die Veränderung der Rollenerwartung zu gestalten. Auf der *kontextuellen* Ebene würden die Integration unterschiedlicher Lebensbereiche (Anforderungen seitens Schule, Familie und Beruf, Tages-, Wochen-, Jahresrhythmus) und, damit verbunden, neue Alltagsstrukturen und Inhalte notwendig.

Kontinuität und Diskontinuität, Sicherheit und Unsicherheit sind besondere Merkmale von Übergangsprozessen, bei denen Abschiede und Neuanfänge eine Rolle spielen. Manche Kindergärten und Kindertagesstätten gestalten vor den Sommerferien und dem Übergang der zukünftigen Schulkinder in die Schule bestimmte (Spiel)-Einheiten und Feste, die die Loslösung des Kindes von der Familie und die Vorbereitung auf die Schule einüben helfen: ein Übernachtungsfest im Kindergarten als Neues im Vertrauten oder als »Unstetes im Stetigen« (Bollnow). Für manche Kinder ist es tatsächlich die erste Nacht außerhalb der Familie, und es kostet manchmal auch Mut, diese ohne die Eltern mit den anderen zu verbringen. Vielleicht wird auch ein Abschiedsfest der zukünftigen Schulkinder mit ihren Familien oder das gemeinsame Basteln der Schultüte initiiert. Dazwischen liegen die Sommerferien, möglicherweise eine besonders anfällige Zwischenphase, in der nach Gennep die »bösen Kräfte« unschädlich gemacht werden müssen: Es ist die Phase eines undefinierbaren »Zwischen«, in dem der Abschied noch nicht vollzogen und das Neue noch nicht vorhanden ist. Ängste können hier ebenso auftauchen wie eine (über)-große Vorfreude und damit eine idealistische Erwartungshaltung.

Die sogenannten »bösen Kräfte«, können sich in Unsicherheit, Angst, Aggression, Trauer oder Unruhe zeigen. Es ist wichtig, sie nicht zu unterdrücken oder zu bagatellisieren (»Du solltest dich doch eigentlich auf die Schule freuen, wieso bist du denn so aggressiv [traurig, teilnahmslos]?!«), sondern mit ihnen zu rechnen und ihnen, wenn nötig, auch genügend Raum zur Integration und zum Abfließen zu geben. Der Schultornister wird gekauft, die ersten Schulsachen werden zurechtgelegt, vielleicht gehen Eltern mit ihren Kindern schon den Schulweg ab und üben so die ersten selbständigen Wege ihrer Kinder ein. Das kann für beide neue Sicherheiten schaffen. Die Kinder selbst spielen in dieser Zeit gerne Rollenspiele, durch die sie sich selbst in sogenannten »Als-ob-Spielen« probehandelnd auf die neue Situation vorbereiten. Der erste Schultag wird dann mit einem Gottesdienst oder einer Schulfeier, mit der

Begleitung durch die Familie in den Klassenraum oder zumindest in die Schulaula begangen.

Die Schultüte dient in unserem Kulturkreis als Zuckertüte, die den Schulanfängern den Schulbesuch versüßen soll. Es ist in irgendeiner Weise zu würdigen, dass sowohl für die Kinder als auch für die Eltern ein neuer Lebensabschnitt beginnt. Beide Seiten trennen sich von gewohnten Abläufen und lassen sich auf Unbekanntes ein. Beide Seiten haben ihre eigenen Ängste und Befürchtungen, die sowohl benannt als auch, soweit möglich, gebannt werden wollen. Rituale dazu lassen sich ohne Mühe finden. Das Segnen der Schulkinder in einem Gottesdienst (oder durch die Paten oder die Großeltern) wird von ihnen selbst, aber auch von vielen Familien als besonderer Schutz erfahren.

Es ist inzwischen üblich und sinnvoll, auch beim Eintritt in den Kindergarten eine Übergangszeit (Eingewöhnungszeit) zu gestalten. Für Kinder ist das neben dem Sicherheitsgefühl, die vertraute Personen ihnen geben, auch eine Würdigung ihrer neuen Lebenssituation. Mütter und Väter und Erzieherinnen respektieren und gestalten diese Zeit gemeinsam mit ihren Kindern und lassen allen Zeit, sich an die neue Situation zu gewöhnen.

Gleiches gilt für andere Übergangsrituale. So geht es u. a. auch darum, in der aktuellen Diskontinuität (des Wechsels von einem Lebensabschnitt in den nächsten) eine Kontinuität auf einer anderen Ebene herzustellen (Sicherheit, Klarheit, die Hoffnung, dass es gelingen möge), die wiederum Diskontinuitäten beinhaltet (Unsicherheit im »Zwischen«). Jeder Zu-Mutung zur Gestaltung eines neuen Lebensabschnitts wohnt ebenso wie beim Feiern eines Festes ein Wagnis inne: Es kann gelingen oder misslingen. Die Ermutigung und Unterstützung durch andere kann darum den eigenen Mut befördern, die neue Herausforderung anzunehmen.

Grenzen überschreiten – sich versöhnen

Zunächst ist nüchtern zu konstatieren, dass es die Entwicklung und Eigenverantwortung stärken kann, im geschützten Raum der Familie mit Verbotenem zu experimentieren und Grenzen zu überschreiten. Die Neigung dazu ist in uns allen vorhanden. Aus der Tatsache, dass viele Kinder es darauf anlegen, ertappt zu werden, wenn sie etwas angestellt haben, ist zu folgern, dass es sich hierbei nicht um kriminelle Energie handelt, sondern um eine fehlgeleitete und gesellschaftlich zurecht geächtete Lebensenergie. Folgerichtig wäre das eine Gelegenheit, Kindern den Unterschied zwischen förderlichen und zerstörerischen Energien nahezubringen. Beim Lügen und Stehlen befinden wir uns im Machtbereich des Zerstörerischen, auch wenn er verlockend wirkt. Bei Kindern und Erwachsenen ist die Frage, wie dieser Bereich verlassen werden kann, um unter positiven Einfluss zu gelangen.

Eine steuernde Instanz in uns ist das »schlechte Gewissen«, die Ahnung des Unkorrekten. Das ist auch der Ansatzpunkt bei Kindern. Ein autonomes Gewissen kann sich erst auf der Grundlage eines heteronomen Gewissens entwickeln. Das heißt, erst dann, wenn das Kind von geliebten Menschen in den ersten Lebensjahren klare Ansagen von Nein und Ja, von »Du darfst, du darfst nicht« erhalten hat und diese (aus Angst vor Strafe oder aus Liebe zu der Mutter, dem Vater, der Erzieherin) einzuhalten versucht und sie internalisiert, kann es sie später als ihm innewohnende Instanzen abrufen und zu seinen eigenen Bedingungen verändern.

Jedes Kind hat ein Recht auf Klarheit dieser Regeln und Vorgaben. In der späteren Persönlichkeitsentwicklung, meist in der Pubertät, müssen die elterlichen Gebote, Verbote und Normen überprüft und neu erprobt werden, damit sie zu eigenen Werten und damit zum autonomen Gewissen heranreifen. Es geht jetzt nicht um Strafe, sondern darum, dass das Kind einsieht, einen Fehler begangen zu haben und ihn wieder gutmacht. Das ist für Kinder wahrscheinlich ein schwierigerer und darum umso ernster zu nehmender Akt, als wir vermuten. Die Lebensgesetze sind mitunter unerbittlich, aber auch verlässlich. Darum sollte jetzt auch nicht die Frage gestellt werden: »Wirst du das auch nie wieder tun?«, sondern: »Hast du eine Idee, wie du das wieder gutmachen kannst?«

Auch wenn für uns selbst die Sache eigentlich schon beendet ist, ist eine wie auch immer geartete Konsequenz für das Kind wichtig, damit es erkennt, dass jedes Tun Folgen hat. Ob eine Entschuldigung ausreicht (die in jedem Fall nötig ist, damit anschließend verziehen werden kann, um das Kind aus der Atmosphäre der Schuld zu lösen), oder noch ein materieller oder ideeller Ausgleich erforderlich ist, hängt vom Einzelfall ab. Der Geschädigte aber hat dann in jedem Fall ein Wort oder eine Geste des Verzeihens zu äußern.

Energetisch ist also der Dreischritt wichtig: Bereuen (sich entschuldigen), wiedergutmachen, verziehen bekommen.

Im Wiederholungsfall ist genauso vorzugehen, ohne auf den vorherigen Vorfall näher einzugehen (»Wir hatten das Problem doch schon einmal, lernst du nichts daraus?«). Aber auch verharmlosende Ironie (»Aus dir wird wohl mal ein kleiner Langfinger«) ist nicht hilfreich. So wie positives Verhalten öfter eingeübt wird, um es zu automatisieren, muss negatives Verhalten manchmal mehrmals »ausgeübt« werden. In einer Supervisionsrunde erzählte eine Studentin der Sozialpädagogik, die ein Praktikum in der Schule absolviert, dass der Lehrer den Kindern bei Streitigkeiten jedes Mal die Aufgabe erteilt, für das geschädigte Kind zur Wiedergutmachung ein Bild zu malen. Die Studentin bemerkte, dass die Kinder dies nur widerwillig und lieblos taten. Es wurden kleine Bildchen hingekritzelt, die mit einem gemurmelten »T'schuldigung« dem anderen Kind hinübergeschoben wurden. Nun hatte die Studentin die Idee, die Kinder selbst in die Überlegung, wie denn die Wiedergutmachung aussehen könne, einzubeziehen. Sie berichtete in der nächsten Supervision von den interessanten und kreativen Lösungsvorschlägen der Kinder: Sie wollten ein für sie wichtiges Sammelbild oder einen anderen Gegenstand verschenken, an einem Tag nur freundlich sein oder demjenigen, den sie geschlagen hatten, einen Brief schreiben. Die meisten Kinder suchen nach Ausgleich, wollen ihn selbst aber auch angemessen mitbestimmen.

Sogenannte Widerworte sind im Prinzip ähnlich zu sehen und zu behandeln. Sie sind die Vorstufe einer eigenständigen Auseinandersetzung mit den Vorgaben der Erwachsenen. In ihrer nöligen, immer die gleichen Worte und Verneinungen benutzenden Art können sie Eltern aber zur Weißglut bringen. Wenn es gelingt, in diesen Äußerungen entweder einen Hilferuf zu erkennen oder den Versuch, seine Autonomie zu erproben, können Eltern vielleicht »cool« bleiben und dem Kind sagen: »Ich würde dir ja gerne helfen, aber ich verstehe noch nicht, was du möchtest.« Manchmal muss ein Kind in seinen Widerworten unterbrochen werden, da es sonst kein Ende findet. Gelegentlich kann es auch sich selbst überlassen bleiben, damit seine negative Stimmung alleine abfließt. Was von beidem angezeigt ist, lässt das Kind meist selbst erkennen.

In gewissem Sinne gehören auch die Aggressionen in diesen Bereich. Von der Wortherkunft her bedeutet »Aggression« zunächst einfach nur »auf etwas zugehen«. So gesehen, ist sie nicht unbedingt etwas Negatives. Ohne eine gewisse Aggression, ohne Durchsetzungskraft und Durchsetzungswillen können wir nicht leben. Der negative Aspekt kommt dann erst hinzu, wenn Menschen, Tieren oder Sachen Gewalt zugefügt wird, verbal oder tätlich. Nur im Fall der Selbstverteidigung wird Aggression toleriert. Vielleicht steckt aber hinter kindlicher Aggressivität oft mehr Selbstverteidigung, als auf den ersten Blick erkennbar ist. Es wird möglicherweise kein Ausweg, kein Fluchtweg gesehen und das Kind ist in die Enge getrieben. Rein physiologisch werden jetzt Überlebensmechanismen in Gang gesetzt, die mit dem Verstand nur begrenzt steuerbar sind. Energetisch gesehen wird in der Aggression ein Herrschaftsbereich, eine Einflusszone eröffnet, die die rationale Eigenherrschaft oft außer Kraft setzt. Jemand ist »außer sich« oder gar wie »besessen«, »fremdgesteuert« oder »ferngelenkt«. Viele sagen, sie hätten nicht mehr gewusst, was sie taten, und waren blind vor Wut.

Bevor also moralische Kategorien bemüht werden, ist ernst zu nehmen, dass es Situationen gibt, in denen die Steuerungsfähigkeit herabgesetzt ist. Bei Kindern ist der innere Kontrollmechanismus natürlicherweise noch nicht voll ausgebildet. Vorhaltungen sind darum wenig hilfreich, eben so wenig wie das Appellieren an den »guten Willen«, denn das Kind »wollte« eigentlich diesen Gefühlsausbruch nicht. Hilfreicher ist es, mit dem Kind im Nachhinein darüber zu sprechen, dass es in der Situation gar nicht »es selbst« war. Da solche Gefühlsausbrüche aber in dem Moment eben nicht immer steuerbar sind, muss manchmal ihre »Herrschaft« zum Schutz des Kindes unterbrochen bzw. beendet werden, wie ja auch im täglichen Leben Gewaltausbrüche zum Schutz aller Beteiligten beendet werden. Ein klares Wort, das mimisch und gestisch entsprechend unterstützt wird, kann das Kind davor bewahren, in den Strudel der Selbstbeschädigung zu geraten.

Es ist allerdings nicht immer leicht, zwischen einer Aggression, die der Selbstbehauptung oder -verteidigung dient, und der zerstörerischen Spielart zu unterscheiden, die nicht mit den förderlichen Lebensgesetzen vereinbar ist.

Aber nicht alles, was nach Aggression aussieht, ist es auch. In einem Trauerseminar erzählte eine Mutter, dass ihr vierjähriger Sohn, dem sie vom Tod seiner Lieblingserzieherin erzählt, erst abwesend scheint und plötzlich die Mutter mit den Worten »Ich bin ein Tiger und habe starke Krallen« heftig attackiert. Die Mutter beschreibt das Verhalten ihres Sohnes als aggressiv. Im Seminar wird aber deutlich, dass der Junge vielmehr der absoluten Macht des Todes und seiner eigenen Ohnmacht eine (Tiger-)Stärke entgegensetzen musste, um die Todesmacht zu entkräften. Um nicht Opfer der traurigen Nachricht sein zu müssen, war sein Tiger-Verhalten eher kompensatorisch als aggressiv.

Alle Gefühle, ob negativ oder positiv, müssen in etwas hineinfließen oder abgeleitet werden. Das Gefühl der Liebe muss sich in körperlichen Gesten oder Taten äußern. Aufgestaute Wut oder Frustration brauchen ebenfalls einen Kanal oder ein Ventil. Sport oder körperliche Betätigung können diese Funktion erfüllen, aber oft werden die Erwachsenen unausweichlich mit den Gefühlen ihrer Kinder konfrontiert. Sie sind dann der »Blitzableiter« und können sich nicht mit den abblockenden Worten aus der Affäre ziehen: »Lass deine Wut nicht an mir aus!« Eine gelungene Intervention bewegt sich vielmehr in einem Kontinuum zwischen einem Ernstnehmen der aggressiven »Fremdherrschaft«, dem heilsamen Unterbrechen und der Überführung in sozial verträgliche Aktionen.

Ein weiteres bei Kindern beliebtes, bei Erwachsenen selten geduldetes Ableitungsverfahren ist die Albernheit. Wahrscheinlich hat jedes Kind mindestens einmal im Leben gehört: »Sei nicht so albern.« Energetisch gesehen geht es bei Albernheit darum, dass die Realität, die aus bestimmten Gründen so nicht ausgehalten werden kann – sei es, weil sie zu schön ist, zu langweilig oder zu bedrückend –, gleichsam »verwirbelt« und mit rudimentären Sprach- und Körperäußerungen »angereichert« wird, sodass »unbändige« Freude ebenso erträglich wird wie »lähmende« Langeweile. Diese Anreicherung wird von Erwachsenen aber meist als Verarmung der Ausdrucksfähigkeit missdeutet und entsprechend sanktioniert. Albernheit kann bisweilen energetisch notwendig und von daher verständlich werden. Aber ähnlich wie die Aggression muss sie selbst auch wiederum abgeleitet werden, wenn sie nicht nach einiger Zeit von allein aufhört.

Grundsätzlich ist es wichtig, dass wir Erwachsenen kindliche Äußerungen, die wir als fremd, gefährlich oder tadelnswert empfinden, nicht gleich als »Verhaltensauffälligkeit« einstufen, sondern auf ihren Zweck und ihre Aufgabe, aber auch auf ihre Botschaft im kindlichen Erlebensraum hin untersuchen und gleichzeitig überlegen, welche und wie viel mehr Möglichkeiten wir in vergleichbaren Situationen haben. In den Augen der Kinder sind manche unserer Gefühlsausbrüche wahrscheinlich genauso »albern«.

»Gehorsam« der Eltern: Entscheidungen treffen

»Wie soll ich mich denn verhalten, wenn mein Kind …?« ist die am häufigsten gestellte Frage auf Elternabenden. Meist geht es um Konflikte und Abgrenzungen: Schlafenszeit, Hausaufgaben, Essen, Pünktlichkeit, Aufräumen, Sauberkeit usw., also Themen, die das geordnete und geregelte Zusammenleben im Familienalltag berühren. Und immer wieder tauchen Polaritäten auf: Was wird ausgehandelt, was wird bestimmt, was sind die Bedürfnisse von Mutter und Vater, was sind die des Kindes, die der Geschwister, was wird erlaubt, was verboten?

Nicht immer aber lassen sich Lebenssituationen in Alternativen pressen, und es muss genauer wahrgenommen werden, dass es jenseits von scheinbar nur zwei sich ausschließenden Möglichkeiten ganz andere Faktoren gibt, die unterschwellig bei der Entscheidung mitwirken, aber nicht immer explizit benannt werden. Sonst bleibt es bei Eltern und Kindern trotz einer Entscheidung letztlich unklar, worauf sie sich gründet. Außerdem ist in vielen Fällen mehr als eine Lösungsmöglichkeit denkbar.

Ein klassisches Beispiel ist hier das Aushandeln oder Bestimmen der Schlafenszeit. Es gibt Kinder, die es internalisiert haben, dass nach dem Abendbrot und einer kleinen Zeit danach das abendliche Abschiedsritual erfolgt, sodass eine weitere Diskussion darüber entfällt. Wenn ein solches Kind einmal um Verlängerung bittet, werden Eltern damit ganz anders umgehen, als wenn es Abend für Abend bettelt und nicht schlafen will. Möglicherweise ist das Kind sehr vital, braucht weniger Schlaf und wird zu früh zu Bett geschickt. Oder es vermisst mehr oder weniger bewusst ein Abschiedsritual. Oder es hat gelernt, dass es durch Quengelei die Erwachsenen beeinflussen kann. Oder es wird aus etwas Wichtigem herausgerissen. Oder es gibt auch sonst keine verlässlichen Regeln in der Familie und das Kind spürt, dass alles nicht so ernst gemeint ist. Oder …

Viele Eltern wünschen sich in solch einer Situation klare Regeln (oft von Fachleuten), was einerseits zu begrüßen ist, andererseits aber leicht außer Acht lässt, dass solche Regeln nicht von außen kommen können, sondern individuell entwickelt werden müssen. Das geht nicht ganz ohne Mühe. Die Kinder tragen z. B. Argumente vor, die wichtig für sie sind, den Eltern aber nicht einleuchten: »Meine Freunde müssen nicht so früh ins Bett gehen.« Es ist nicht falsch, Kindern freundlich, aber bestimmt zu erklären: »Morgen ist Kindergarten / Schule, da musst du ausgeschlafen sein, am Wochenende kannst du länger aufbleiben.« Bei älteren Kindern ist es durchaus angemessen, ihnen zu sagen, dass Eltern auch einmal Zeit für sich haben möchten. Das ist eine klare Aussage, die sich nicht verstecken muss hinter allgemeiner Richtigkeit (»Du brauchst halt deinen Schlaf«).

Eltern müssen mit ihren Kindern verhandeln, nur so lernen Kinder zu argumentieren und andere Argumente zuzulassen. Andererseits müssen Eltern aber auch zu einer eigenen Position gelangen, um sie dann, wenn es zu Scheindiskussionen oder Machtkämpfen kommt, bestimmt und sachlich, in Mimik und Gestik eindeutig zu vertreten und durchzusetzen. Nicht jede Entscheidung wird dabei ausgewogen und »richtig« sein. Darum legen sich manche Eltern lieber gar nicht fest. Doch auch z. B. bei Schiedsrichtern gilt, dass ihre Entscheidung zu akzeptieren ist, selbst wenn sie objektiv gesehen falsch war. So erzählte der zehnjährige Tobias, dass er darum gerne in den Fußballverein gehe, weil es dort Regeln gebe, die jeder einzuhalten habe, und der Schiedsrichter bestimme, egal, was die anderen davon halten. »Auch wenn das manchmal ungerecht ist, finde ich das okay, weil es ja so in den Spielregeln steht«, so Tobias.

Es ist auch für Kinder eine wichtige Erfahrung, damit umgehen zu lernen, dass eine (elterliche) Entscheidung für sie nicht einsehbar ist. Wenn Eltern sich in den Sog von Rechtfertigungszwängen reißen lassen, entsteht eine falsche Dynamik: Eltern sind für ihre Kinder verantwortlich und müssen folglich ihr Handeln verantworten, rechtfertigen müssen sich hingegen Beschuldigte, was Eltern im genannten Beispiel faktisch nicht sein können. Sollten Eltern sich falsch verhalten haben, ist es erforderlich, sich bei den Kindern zu entschuldigen. Denn nur so können diese lernen, dass zum einen die Eltern nicht fehlerlos sind, was sehr entlastend sein kann, und zum anderen, wie Menschen fehlerfreundlich miteinander umgehen können und wie Verzeihen möglich ist.

Kinder merken sehr schnell, ob eine Entscheidung ernst gemeint ist oder nicht. Eine kleine mimische Bewegung, ein nicht ganz fester Ton signalisieren ihnen: Hier kann nachverhandelt werden. So haben viele Eltern ständig Probleme mit dem Gehorsam, weil ihre Aufforderungen im Grunde eine Diskussionsvorlage sind. Der entnervte Ausruf »Gleich knallt's« ist gespielte Strenge, der Kinder die Hilflosigkeit anmerken. Manche Eltern »beschwören« ihre Kinder, ihnen zuliebe etwas zu tun, machen ihnen Versprechungen, stellen Belohnungen in Aussicht usw. Aber eigentlich drücken sie sich vor einer klaren Ansage. Eine weitere Verwechslung betrifft die Kategorien erfolgreich und gelungen. Wenn Eltern ihre Kinder schließlich mit vielen Tricks und Überredungskünsten ins Bett bekommen haben, waren sie in der Tat »erfolgreich«. Da sich solche Szenen vermutlich aber wiederholen werden, wird man nicht von einem »gelungenen« Abendritual sprechen können, das sich dadurch auszeichnen würde, dass Kinder internalisiert haben, wann und warum es für sie an der Zeit ist, sich zu verabschieden.

Wenn Kinder nicht wissen, woran sie sind, suchen sie sich verständlicher Weise das für sie Beste aus. Das bedeutet aber umgekehrt: Auch Eltern müssen »gehorsam« sein, d. h. sie müssen auf das hören, was ihnen durch ihre Elternrolle zugewachsen ist. Sie können nicht mehr beliebig agieren, sie sind etwas anderes und mehr als nur Freunde und Kameraden der Kinder oder deren Ernährer. Sie haben einen Orientierungs- und Informationsvorsprung, und sie haben Verantwortung für sich und ihre Kinder. »Es gehört zu den schwierigsten Aufgaben der Elternrolle, an die kommende Generation die Gebote der Religion und die Verhaltensregeln der Gesellschaft gelassen, klar, manchmal auch streng weiterzugeben.«[38]

Aber streng sein möchten viele Eltern gerade nicht, sei es, weil sie nicht als autoritär gelten, sei es, weil sie die Zuneigung der Kinder nicht verlieren wollen. »Ich bin doch keine Polizistin«, sagte einmal eine Mutter, nachdem die Lehrerin ihr nahegelegt hatte, die Hausaufgaben zu kontrollieren. Warum eigentlich nicht? Die Elternrolle beinhaltet viele Teilbereiche, die in unserer Gesellschaft ausdifferenziert sind. Wenn die Mutter ihr Kind beschützt oder ihm die Verkehrsregeln erklärt, übernimmt sie doch auch »Polizei-funktion«. So aber bedeutet ihre Bemerkung: »Das ist nicht meine Aufgabe.« Kontrolle zu üben und das Kind notfalls vor sich selbst und vor dem Abgleiten zu schützen, gehört aber in die Verantwor-tung von Eltern. Eigene Verantwortung übernehmen kann das Kind erst, wenn es bei Erwachsenen gesehen hat, was das überhaupt bedeutet. Paradoxerweise schieben Eltern oft Verantwortung dem Kind dort zu, wo es diese noch gar nicht tragen kann, und nehmen sie ihm wiederum ab, wo es sie sehr wohl übernehmen könnte, etwa beim Helfen im Haushalt, beim Streitschlichten mit den Klassen-kameraden oder beim Konfliktlösen mit der Lehrerin. Oft greifen Eltern hier zu früh ein, statt den Kindern den Bereich ihrer Verant-wortung zu übergeben und ihnen zu helfen, diese Aufgaben auch zu bewältigen.

Was wir den »Gehorsam der Eltern« nennen, bezeichnet die Tat-sache, dass Vater und Mutter zu sein mehr einschließt, als ein Kind »großzuziehen«. Mit der Geburt des Kindes ändert sich der Status von Mann und Frau, sie werden Eltern. Natürlich sollen und müs-sen sie ihren eigenen Lebensrhythmus, soweit es möglich ist, bei-behalten und sollen ihre anderen Rollen als Mann und Frau im Beruf, in der Partnerschaft oder in der Freizeit auch weiterhin aus-füllen. Aber sie tragen nun auch Ver-Antwortung für ein anderes Leben, d. h. sie müssen auf die Anfragen antworten, die ihnen durch dieses neue Leben gestellt werden. Antworten kann aber nur, wer die Fragen richtig hört und versteht. Dazu müssen Mütter und Väter oft genauer »hinhorchen«, was sich im Kinderleben ausdrü-cken will. Aus einem solchen Horchen entwickelt sich der »Gehor-sam«, den wir meinen. Die Lebensgesetze melden sich durch das Kind und verlangen nach Beachtung und Antwort. Wer sich aus Angst, die Liebe der Kinder zu verlieren, davor drückt, auch unan-genehme Entscheidungen zu fällen, ist in diesem Sinne ungehor-sam gegen die Stimme des Lebens. Und weil das wiederum zu Unklarheiten führt, überträgt es sich auf die Kinder in Form von deren Ungehorsam, aber auch auf die Erwachsenen, weil diese meist sehr genau spüren, ihrem Auftrag und ihrer Verantwortung nicht nachgekommen zu sein.

Weiterführende Fragen

- Was empfinden Sie als höflich oder unhöflich?
- Welche Tischsitten gibt es in Ihrer Familie?
- Welches »gute Benehmen« möchten Sie Ihren Kindern vermitteln?
- Welches »gute Benehmen« haben Sie sich irgendwann angewöhnt/abgewöhnt? Warum?
- Haben Sie Vorbilder für gute Umgangsformen? Welche?
- Welche schlechten Umgangsformen dulden Sie bei Ihren Kindern nicht?
- Was möchten Sie mit Ihrer Kleidung ausdrücken?
- Wie sprechen Sie in Gegenwart der Kinder über Geld?
- An welchen Punkten entsteht Streit?
- In welchen Bereichen haben Sie feste Regeln, in welchen nicht?
- Warum setzen Sie in einigen Bereichen keine klaren Regeln oder Grenzen?
- Wonach beurteilen Sie die richtige Schlafenszeit und Schlafdauer für Ihr Kind?
- In welchen Situationen haben Sie selbst schon gelogen oder gestohlen? Warum?
- Haben Sie Probleme damit, Autoritätspersonen zu widersprechen, wenn es begründet ist?
- Wann entschuldigen Sie sich bei anderen / bei Ihrem Kind?
- Was denken Sie über Ihr Kind, wenn es »albern« ist? Wann sind Sie selbst albern?
- Wie sieht Ihr Idealbild einer Tischgemeinschaft aus? Von welchen Vorbildern oder Erinnerungen lassen Sie sich dabei leiten? Wie könnten Sie das ansatzweise in Ihrem Familienalltag realisieren?
- Wie sieht Ihr Familienfrühstück aus?
- Sprechen Sie mit Ihrem Kind ein Abendgebet? Gibt es eine Gute-Nacht-Geschichte? Wird noch einmal lange gekuschelt und ein Lied gesungen? Hat Ihr Kind selbst etwas entwickelt, das ihm wichtig ist, um gut in den Schlaf zu finden? Wie können Sie das aufgreifen und gegebenenfalls verstärken? Oder ist es ein Geheimnis Ihres Kindes, das Sie achten sollten? Welche Rituale haben Sie für sich selbst zum Einschlafen (Aufwachen, In-den-Tag-Kommen) entwickelt?

- Welche Übergänge gibt es am Morgen von der Nacht in den Tag? Probieren Sie aus, was Ihnen und Ihrer Familie entspricht? Laden Sie die Kinder ein, sich darüber Gedanken zu machen?
- Welche Erziehungsdimensionen (Liebe, Achtung, Kooperation, Struktur, Förderung) sind in Ihrer Familie besonders ausgeprägt und welche spielen eine untergeordnete Rolle? Welche Gründe könnte es dafür geben? Wie könnten die vernachlässigten Erziehungskategorien in Ihrem Familienalltag wieder mehr Raum bekommen? Wer oder was könnte dabei helfen, unterstützen und entlasten?
- Fällt es Ihnen schwer, Entscheidungen zu treffen?
- Was gelingt Ihnen als Mutter, als Vater, als Erzieherin und Lehrer gut? Wie könnten Sie sich gegenseitig in Erziehungs- und Bildungspartnerschaften ermutigen und in Ihren Fähigkeiten ergänzen?
- Welche Voraussetzungen müssten vorhanden sein, damit solch ein Austausch nicht nur möglich, sondern verbindlich und eine Bereicherung für alle Beteiligten wird?
- Welchen Zusammenhang sehen Sie zwischen »horchen« und »Gehorsam«?

Fest und Feier als Gast- und Raststätten des Lebens

Unser Leben wird von Feiern und Festen unterbrochen und begleitet, von der Geburt bis zur Beisetzung, von Silvester über Karneval bis Ostern und Weihnachten. Sie sind sozusagen die Gast- und Raststätten des Lebens. Im Folgenden wollen wir uns mit einigen dieser Feste befassen und sie nach ihren Wirkfaktoren befragen: Warum brauchen wir sie? Wozu dienen sie uns? Welche Bedeutung können sie für die Entwicklung eines Kindes, für die Interaktion in der Familie oder im Sozialraum haben? Gibt es Kriterien für »gelungene Feste«? Welche Unterscheidungen gibt es zwischen Alltag und Festtag? Was könnte an Festen »heilsam« sein? Welche Bedeutung haben Rituale? Haben alle Feste eine »befreiende« Wirkung? Was ist geschehen, wenn diese fehlt? Was unterscheidet ein Event von einem Fest?

Der pure Alltag entfremdet – Abstand vom »Machen«

Wenn sich bestimmte Strukturen menschlicher Lebens- und Alltagsgestaltung durch die Kulturgeschichte ziehen, weist das darauf hin, dass sie für die menschliche Existenz bedeutsam, wenn nicht unverzichtbar sind. Unverzichtbar aber kann nur etwas sein, das eine befreiende und stabilisierende Wirkung hat sowie Angst einzudämmen vermag und dabei hilft, die Unwägbarkeiten des Lebens zu bewältigen. Die Gestaltung solcher Strukturen ist freilich zeit- und kulturabhängig, und darum nie ein für allemal festgelegt. Die Gestaltungselemente werden sowohl aus Traditionen übernommen als auch durch neue Formen immer wieder ergänzt oder ersetzt.

Wenn im Folgenden nicht streng begrifflich zwischen Fest und Feier unterschieden wird, so lässt sich doch grob sagen, dass Feste in der Regel eine offenere Struktur haben als Feiern, die häufig von bestimmten Abläufen und Prozeduren geprägt sind. Dabei kann auf Rituale zurückgegriffen werden, die der Absicherung dienen und allgemein sozial anerkannt sind.

Im christlich-abendländischen Kulturraum hat sich der Sonntag als »Feiertag« eingebürgert und wurde im Laufe der Geschichte ergänzt durch weitere kirchliche und weltliche Feiertage. Der Sonntag ist die christliche Variante des jüdischen Sabbats. Gott habe, so berichtet die Schöpfungserzählung im ersten Buch der Bibel, am siebten Tag geruht, nachdem er in den sechs anderen die Welt erschaffen habe. Nun soll gleichsam analog dazu alles Leben zur Ruhe kommen. Ausdrücklich erwähnt wird, dass diese Ruhe auch dem »Fremden«, dem Gast also, ebenso wie dem Vieh zugutekommen soll. An anderer Stelle wird geboten, dass auch der Acker in jedem siebten Jahr brachliegen soll.

Diese »Gebote« sind bis heute geradezu revolutionär geblieben, weil sie nicht den machenden und produzierenden Menschen als die Krone der Schöpfung betrachten, sondern die Ruhe, in der alles und alle Abstand vom Machen gewinnen und dadurch zu sich selbst und zur eigenen Bestimmung kommen sollen. Was aber ist gegenwärtig wichtiger im Hinblick auf Ökonomie und Ökologie, als dass der Mensch sich wieder begreift als Teil eines größeren Zusammenhanges mit anderen Geschöpfen und der Natur? Was ist wichtiger als unterscheiden zu lernen zwischen dem, was wir tun sollen, und dem, was wir »in Ruhe lassen« sollen? Unter diesem Gesichtspunkt kann auch der entsprechende entnervte Ausruf mancher Kinder und Jugendlicher, in Ruhe gelassen werden zu wollen, noch einmal ganz anders gehört werden. Es muss nicht unbedingt die Verweigerung von Kommunikation sein, sondern könnte auch als Zeichen der Erschöpfung und als Verlust der Kräfte interpretiert werden. Im täglichen Umgang miteinander ist immer wieder neu zu überlegen, was zu tun und was zu lassen ist, wobei das Lassen oft wichtiger ist, weil sich dann etwas von selbst gestaltet, was wir nicht »machen« können. Darum ist es neben aller Planung, Vorausschau und nötigen Aktivitäten auch wichtig, sich auf den Geschehensaspekt, den Geschenk- und Ereignischarakter unserer Feste (und unseres Lebens) einzulassen.

Nicht zuletzt an unserer Fähigkeit, zur Ruhe zu kommen und das Leben festlich aus einer anderen Perspektive zu betrachten, entscheidet es sich, ob wir »eindimensionale Menschen«[39] werden, die, zu Konsumautomaten herabgewürdigt, nur noch eine Funktion erfüllen, oder ob unsere schöpferischen Potenzen sich zu entfalten vermögen. Unser Leben, ja, unsere Zukunft stehen so gesehen wortwörtlich »auf dem Spiel«, auf dem Spielerischen, wie es sich in Fest und Feier äußert.[40]

Die wenigsten Menschen nehmen die Sonntagsruhe noch wörtlich, für viele ist dieser Tag unruhiger und arbeitsintensiver als die ganze Woche, ausgebucht mit Events, Besuchen oder dem Ausbau der Wohnung. Der Streit um die immer weiter ausgedehnten Ladenöffnungszeiten zeigt, dass einerseits noch ein Bewusstsein davon erhalten ist, dass nicht alles zu jeder Zeit verfügbar sein muss, dass sich andererseits aber sogenannte Kundenwünsche und Wirtschaftsinteressen immer mehr durchsetzen. Und manche Eltern, die sich mit Grausen an eigene Sonntagsspaziergänge als Kind erinnern, sind vielleicht froh, dass ihre Kinder dank der vielfältigen Angebote von Konsum-und Freizeitindustrie am Sonntag nicht in Langeweile versinken müssen. Nebenbei gesagt, hat jedes Kind ein Recht auf »lange Weile«, da sie der Beginn für eigene schöpferische Tätigkeiten sein kann.

Die ursprünglich gemeinte Ruhe hat allerdings weniger zu tun mit dem Beachten von Vorschriften, die bestimmte Tätigkeiten verbieten, als vielmehr damit, dass der Mensch Gelegenheit bekommt, etwas zu machen, für das ihm in der Woche weder Kraft noch Zeit bleibt. Natürlich war das früher in erster Linie die Beschäftigung mit der Religion, der Kontakt zu Gott durch Gottesdienst und Gebet. Aber auch andere Tätigkeiten, die der Muße und Erholung dienten, waren damit gemeint. Für die einen kann das heute eine kreative oder sportliche Tätigkeit sein, für die anderen das Zusammensein mit der Familie oder mit Freunden. Wenn wir das ohne den Leistungsdruck des Alltags leben, sind wir am Wochenanfang ausgeruht, auch wenn der Sonntag mit Aktivitäten gefüllt war. Und umgekehrt: Die reine Passivität des Wochenendes garantiert keineswegs eine Erholung, was all diejenigen nur zu gut wissen, die in Kindergarten oder Schule am Montag mit Kindern konfrontiert sind, für die das Wochenende vorwiegend aus Fernsehen oder Computerspielen bestand und die mit entsprechenden Symptomen reagieren. Besonders für Kinder, die in der Woche von einer Fülle von Terminen und Verpflichtungen geradezu erschlagen werden, kann das Gestalten absichtsloser Spiele Beruhigung, Befreiung von Stress und Auftanken neuer Kräfte bedeuten.

Andererseits wäre es ein Missbrauch von Feier(tag) und Fest, wollte man sie nur unter dem Gesichtspunkt sehen, dass der Mensch dadurch wieder fit gemacht wird für die Routine und Freudlosigkeit des Alltags. Feier und Fest sind nicht Ersatz für das, was uns der Alltag schuldig bleibt, sondern sollen helfen, soweit wie möglich atmosphärisch in den Alltag zu übertragen, was in der Feier eingeübt und erfahren wurde. Es ist wichtig, dass der Alltag mit seinen Regelmäßigkeiten und Pflichten immer wieder von einer Gegenwelt unterbrochen wird.

Ein gelungenes Fest oder ein erfüllter Feiertag können jedenfalls auch daran erkannt werden, dass sie für eine gewisse Zeit in den Alltag hineinreichen. Vielleicht findet sich die eine oder der andere danach nicht mehr mit der Enge des gleichförmigen Alltags ab oder versucht zwischendurch, den Alltag ein wenig zum Feiertag werden zu lassen. Wer ein Fest feiert, lässt sich immer auch auf ein Risiko ein: Der Alltag wird vielleicht doch nicht vergessen, Begegnungen finden nicht statt, und stattdessen tauchen unvorhersehbare Konflikte auf. Das Wagnis des Misslingens bleibt auch dann, wenn die Vorbereitungen und Planungen genügend Zeit und Raum eingenommen haben.

Fragmentierung und Ganzheit des Lebens

Die äußeren Zwänge, denen wir fast alle unterworfen sind, führen zwangsläufig zu einer Fragmentierung des Lebens in Pflicht und Freizeit. Auf Dauer wird der Mensch durch solche »Zerstückelung« stumpf, von sich selbst entfremdet und damit zur Verfügungsmasse aller möglichen Instanzen, von denen die Freizeit- und Konsumindustrie vielleicht den größten Einfluss hat. Schon das Wort »Freizeit« ist ein Widerspruch in sich, weil Zeit nie frei von etwas ist. Die wesentliche Frage ist, ob Freizeit ständig außengesteuert sein muss oder ob es uns gelingt, sie eigenständig, von unseren tiefen inneren Bedürfnissen her zu gestalten. Das gilt insbesondere auch für Kinder, die ursprünglich aus sich heraus selbstbildend lernen und Erfahrungen machen wollen und hierzu keine Animation benötigen.

Wenn jemand noch nicht total abhängig ist von dem, was andere Instanzen ihm als Bedürfnis suggerieren, wird er ein Gespür dafür behalten, dass sein Leben Konturen und Inhalte braucht, die nicht nur durch Beruf, Familie und Wohnort vorgegeben sind: Das können Feste, geregelte Lebensrhythmen, Auszeiten, soziales Engagement sein oder etwas, für das man sich begeistert.

Für Kinder ist es wichtig, dass sie mit einer angemessenen Konturierung ihres Alltags aufwachsen, damit sie ein Gefühl dafür bekommen, einzigartige Individuen zu sein. Dadurch können sie auch als Erwachsene einer Außensteuerung ihres Lebens Gegenkräfte entgegensetzen. Sie brauchen, wie natürlich alle Menschen, in besonderer Weise eine innere Heimat, die ihnen durch Wiederholung, wie sie in Spiel, Fest und Feier geschieht, liebgeworden ist, und zu der sie immer wieder zurückkehren oder an die sie anknüpfen können.

Niemand ist frei von der Aufteilung des Lebens in verschiedene Rollen und Aufgaben, z. B. Mutter und Ehefrau, Erzieherin und Freundin. Daneben gibt es noch andere Rollen und archetypische Bilder, die wir oft nur als Wunsch in uns tragen, ohne zu wagen, ihnen öffentlich Ausdruck zu verleihen. Solche Rollen können in Konflikt kommen mit den bekannten und anerkannten. Wenn wir sie nicht ab und zu überdenken und in irgendeiner Weise in unser Leben und Fühlen integrieren, und sei es auch nur spielerisch, gerät das Gefüge des Lebens außer Kontrolle und äußert sich u. a. in körperlich-seelischen Beschwerden. Fest und Feier können Gelegenheiten sein, solche Rollen spielerisch und gestalterisch wieder zu vereinen. Das Fest kann als modellhaftes Handeln gesehen werden. In Feier und Spiel dürfen wir uns trauen, spielerisch andere Rollen einzunehmen als üblich. Besonders eindrücklich ist das im Karneval. Aber auch beim Geburtstag oder bei der Hochzeit treten wir aus dem Rahmen des Gewohnten heraus. Kindern ist das Vergnügen deutlich anzusehen, wenn sie im Spiel in Verkleidung und Rollen etwas darstellen, das sie im Alltag nicht sind, das aber als Möglichkeit in ihnen liegt. Auch Hexe, Räuber, König oder Prinzessin sind Grundmuster oder Archetypen, die neben vielen anderen unsere innere Welt bestimmen.

Der feiernde Mensch wird sich bewusst oder nimmt wahr, dass er mehrere Facetten und Teilpersönlichkeiten hat, die im Alltag nicht immer gelebt werden können. Er agiert, wenn auch zunächst nur für die Dauer des Festes, ohne die üblichen Einschränkungen und kann darüber zu einer festlichen Erweiterung seines Bewusstseins und seines Lebensbereiches kommen. Das kann ihm helfen, in alltäglichen Bezügen aus der Fragmentierung des Lebens zu mehr

Ganzheit zu kommen. In einem gelungenen Fest zeigt sich der Ausgleich von Gegensätzen, wie sie in Bezug auf Ordnung und Ekstase, auf Alltägliches und Besonderes, Nähe und Distanz, Sprechen und Schweigen, Vergangenes und Zukünftiges existieren.

Wer regelmäßig Feste feiert und gestaltet, ihren Sinn versteht und bejaht, der erfährt in ihnen etwas davon, dass das Leben mehr ist als das, was wir täglich sehen und erleben oder worunter wir leiden. Feste und Feiern als Unterbrechung des Alltäglichen lassen etwas von einer Lebensfülle aufscheinen, die sonst nicht immer sichtbar ist. Sie sind spielerische Inszenierungen dessen, was wir ahnen, aber nicht immer realisieren können. Inszenierungen einer Fülle von Schönheit und Ganzheit, die in gewissem Sinne utopisch ist, aber dennoch die Möglichkeit einer anderen Dimension immer wieder erkennen lässt. Und sind nicht oft die Utopien von gestern die Realitäten von heute?

In gewisser Weise sind Fest, Spiel und Feier »überflüssig«, aber auch in der Bedeutung, dass aus ihnen ein Mehr über das Notwendige »hinaus fließt«. Insofern sind sie auch Über-Lebens-Mittel, mehr als die nötigen Lebensmittel und doch für ein menschenwürdiges Leben unverzichtbar. Auch das selbstvergessene Spiel der Kinder ist keine verlorene Zeit, die besser durch andere Aktivitäten gefüllt werden sollte, sondern es präfiguriert Selbstständigkeit, Konzentrationsfähigkeit und vieles andere. Darüber hinaus ist es eines der letzten »Reservate«, die keiner Zweck-Nutzen-Rechnung unterliegen.

Nun sind Fest und Feier nicht unbedingt harmlose und idyllische Begebenheiten. Im Gegenteil, je tiefer sie an existentiellen Fragen ansetzen, desto mehr scheint ihr archaischer Hintergrund durch. In ihrem Ursprung sind sie, gerade wenn sie mit Kulten in Verbindung standen, immer auch mit Elementen von Ekstase und Gewalt (z. B. Tieropfern) durchsetzt. Zum Fest gehört also auch das Rauschhafte, das heute hauptsächlich durch Alkohol erzeugt wird und dann nicht selten in Gewalt mündet. Es ist darum immer zu überlegen, wie diese Elemente einerseits erhalten werden können, um die Nüchternheit des Alltags zu überwinden, und wie sie andererseits sozialverträglich zu gestalten sind. Bei Kinderfesten wird das in der Regel durch Spiele und Wettkämpfe der Fall sein, bei denen zum Entsetzen der Erwachsenen manchmal auch »Blut fließt« (im übertragenen Sinn geht es dabei um Grenzüberschreitungen, im realen Sinn möglichst nur um Schürfwunden und kleinere Verletzungen). Und natürlich müssen sich alle schmutzig machen dürfen.

Was Eltern oft in Schrecken versetzt, ist für Kinder häufig der Beweis von Tapferkeit und Stärke. Bestandene Mutproben sind ein Ausdruck für Selbstwirksamkeit. Wunden sind durchaus stolze Trophäen für siegreich bestandene Situationen. Auch in diesem Zusammenhang ist es nicht sinnvoll, Kinder vor allen Gefahren behüten zu wollen, weil sie erstens zum Leben gehören und zweitens Entwicklungschancen und Selbstbestätigungspotential in sich bergen können. Auch hier gilt die Unterscheidung der individuellen kindlichen Besonderheiten. Natürlich gibt es Kinder, die vital stärker oder schwächer, ängstlicher oder weniger ängstlich sind. Sensible Eltern werden wahrnehmen, was ihr Kind jetzt und dieser Situation braucht, und ihm Freiraum dafür lassen.

In manchen Festbräuchen finden sich bis heute Spuren des Exzesshaften, z. B. beim Rauben des Maibaumes oder der Braut. Wenn nach einer Beerdigung »das Fell versoffen« wird, ist das keine Pietätlosigkeit gegenüber dem Verstorbenen und den Angehörigen, sondern die Entkräftung der Todesmacht und -atmosphäre durch die Feier des Lebens. Wenn Jugendliche in der Pubertät ihre Eltern durch riskante Aktionen oder unerlaubtes Fernbleiben von zu Hause erschrecken oder verärgern, könnte das auch damit zu tun haben, dass in unserer Kultur keine Passageriten mit gefährlichen Inhalten oder Mutproben existieren, die mit kontrolliertem Risiko den Übergang in das Erwachsenenalter gestalten. Von daher ist es nicht verwunderlich, wenn sich Jugendliche diese Situationen selbst schaffen, denen aber die Einbindung in einen rituellen Kontext fehlt und die wirklich lebensgefährlich werden können, wie z. B. das S-Bahn-Surfen, Poolspringen (vom Balkon des Hotelzimmers) oder Sprayen (an besonders unwegsamen Häusern oder Brücken).

Konfirmation, Firmung oder Jugendweihe sind zwar auch Passageriten, enthalten aber nicht die Dimension des Riskanten. Ein Bewusstsein für eine rituelle Gestaltung der pubertären Übergangszeit hat sich noch relativ lange gehalten, z. B. wenn z. B. in den 50er-Jahren Väter anlässlich der Konfirmation ihren Söhnen eine letzte (und hoffentlich auch erste) symbolische Ohrfeige gaben oder wenn die Jugendlichen als Zeichen, nun selbstverantwortlich mit ihrer Zeit umgehen zu müssen, eine Armbanduhr geschenkt bekamen. Auch die Art der Bekleidung zu diesem Anlass signalisiert: Hier ist jemand in ein neues »Kleid« und damit in eine neue Rolle geschlüpft.

Zur Spiritualität gehört aber nicht das Ausblenden von Aggression, Gewalt und Rausch, sondern deren Integration und Gestaltung. Zumindest was die christlichen Konfessionen angeht, muss man wohl konstatieren, dass es keinen ritualisierten Umgang mit Aggression und Sexualität gibt, stattdessen werden sie im Bereich der Moral verhandelt, was oft mehr Probleme schafft als sie zu lösen. In Sportveranstaltungen sind noch Rudimente sozial akzeptierter Aggression zu finden, ansonsten hat sie sich in unterminierender Weise in das alltägliche Leben eingeschlichen – mit zum Teil dramatischen Folgen.

Wer über die übliche Party-Kultur hinaus nach Anlässen für Feste sucht, wird im privaten, öffentlichen und kirchlichen Jahresablauf schnell fündig. Es gibt eine Fülle von Festen, die man unmöglich alle feiern kann. Nun ist aber auch nicht jedes Fest nach jedem Geschmack. Manche mögen Schützenfeste nicht, andere den Karneval, manche gar Weihnachten nicht. Es geht darum hier auch nicht darum, alle möglichen Feste und Feiern vorzustellen, sondern unter spirituellem Gesichtspunkt einige Aspekte aufzuzeigen. Ebenso wenig sollen hier Ratschläge zur konkreten Gestaltung gegeben werden. Wer so etwas sucht, wird eine Fülle einschlägiger Literatur finden.

Leitend bleibt der Gedanke, dass man beim Feiern in eine gewisse Distanz zu sich und den gewohnten Abläufen gerät, aus der heraus der Alltag wieder intensiver werden und aus anderem Blickwinkel wahrgenommen werden kann. Wir brauchen von Zeit zu Zeit das Besondere, damit nicht alles gleich gültig und damit gleichgültig wird. Feste gliedern die Zeit und machen sie überschaubar. Das verleiht *Kontinuität und Sicherheit*. Schon im Alltag erleben wir, dass dort, wo die Struktur des Tagesablaufs einigermaßen überschaubar ist, Kräfte gespart werden, weil nicht in jedem Augenblick aus einer momentanen Laune heraus Entscheidungen getroffen werden müssen.

Neben der Struktur bringen gelungene Feste auch eine Atmosphäre mit, die als psycho-hygienisch bezeichnet werden könnte. Sie entwickeln in ihrem Verlauf Kräfte, die die Feiernden bewusst oder unbewusst als wohltuend empfinden. Hier sei nachdrücklich darauf hingewiesen, dass gerade die großen kirchlichen Feste und Feiertage nicht lediglich Gedenktage an historische oder legendäre Ereignisse sind, sondern Bilder, Symbole und Kräfte freisetzen, die heilend und verwandelnd wirken können, und dies keineswegs nur für sogenannte »Gläubige«. Das geschieht z. B., wenn Erwachsene zu Weihnachten mit ihrem inneren Kind in Berührung kommen oder wenn sich beim Erntedankfest ein Gefühl dafür einstellt, dass es für das eigene Leben einen Grund zur Dankbarkeit gibt. Eine Kerze, die vor einem Altar entzündet wird, kann Menschen mit ihrem Anliegen oder dem Wunsch für einen anderen Menschen verbinden. Der Segen vermag ein tiefes Gefühl der Geborgenheit und Kraft zu vermitteln. Die klare Liturgie eines Gottesdienstes oder die Struktur eines Kirchenraumes können wieder zentrieren. Warum besuchen viele Menschen, die sich mit der Religion schwer tun, im Urlaub mit Vorliebe Kirchen und sakrale Räume? Warum singen Menschen, die aus der Kirche ausgetreten sind, gerne in Kirchenchören? Es könnte sein, dass es im Innersten des Menschen eine tiefe Dimension gibt, die sich nach Nahrung sehnt, und dass diese auch aus besonderen Orten, Zeiten und Handlungen besteht.

Feste im Kirchenjahr

Die großen religiösen Feste sind keine Gedenkveranstaltungen, sondern stellen individuelles Erleben (Geburt, Tod, Leid, Ernte usw.) in einen größeren Kontext. So ist es nicht ohne Sinn, dass das sogenannte Kirchenjahr nicht am ersten Januar beginnt, sondern mit dem ersten Advent als Vorbereitungszeit auf das Ereignis der Geburt Christi. In seiner Geburt wird die eigene Menschwerdung gefeiert und das immer wieder Neugeborenwerden des inneren Kindes, das uns unser Leben lang begleitet. Das Symbol der Jungfräulichkeit enthält den Gedanken der Unverletzbarkeit dieses inneren Kindes.

Die Geburt Christi ist eng verknüpft mit einem anderen »geburtlichen Geschehen«: Weihnachten findet um die Wintersonnenwende herum statt. Auch das Leben schaffende Licht wird sozusagen neu geboren und garantiert das Überleben. Wo einst der römische

Sonnengott verehrt wurde, erkennt der Glaubende in Christus das Licht der Welt. Hier werden mythologische, historische und kosmologische Ereignisse so miteinander verknüpft, dass sich auch das einzelne Individuum in diesem Geschehen wiederfinden kann. Ganz am Rande sei vermerkt, dass der Kindermord zu Bethlehem, auch wenn er wahrscheinlich so historisch nicht stattgefunden hat, ein Symbol dafür ist, wie immer wieder die Seelen der Kinder gemordet werden, gerade auch in einer »aufgeklärten« Gesellschaft, nämlich dann, wenn Kinder sehr früh schon zu erhöhter Leistung und Wettbewerb angetrieben werden und dem »Recht des Kindes auf den heutigen Tag« oder dem »Recht des Kindes, so zu sein wie es ist« (Janusz Korczak) nicht entsprochen wird.[41]

Die Tatsache, dass viele Menschen um Weihnachten herum in eine tiefe Krise geraten, zeigt unter anderem, dass die Wirkmacht dieses Festes nicht nur in seinem emotionalen Gehalt und nostalgischen Erinnerungen liegt, sondern dass es eine tiefe Schicht menschlicher Existenz zu berühren scheint. Natürlich kann man Weihnachten als bloßes Familienfest feiern. Weil es dann aber besonders mit Wünschen, Sehnsüchten und Hoffnungen aufgeladen ist, die selten realisierbar sind, kommt es gerade deswegen zu einer solchen Häufigkeit von Streit, Krisen und Selbstmorden wie zu keinem anderen Fest.

Es ist schwierig zu sagen, wie eine Wiedergewinnung dieses Festes aussehen könnte, das inzwischen von Rentieren, Weihnachtsmännern und allerlei außerchristlichen Symbolen überlagert wird. Wenn Menschen der Kriegs- und Nachkriegsgeneration immer wieder davon berichten, wie unvergessen schön gerade die schlichten Weihnachtsfeste mit mühsam beschafftem Baum, ein paar Kerzen und fast keinen Geschenken war, drängt sich der Verdacht auf, dass auch hier in einer gewissen Einfachheit mehr liegt als in einer Fülle, die nicht mehr zum Feiern einlädt, sondern eher zum Verzweifeln ist. Das Selbstgestaltete setzt sich für bewusster lebende Menschen ohnehin gegen das kommerziell Vorgegebene durch. Andererseits ist Weihnachten natürlich auch ein Fest der Fülle, die ruhig gelebt werden darf, wenn es genügend Ruhepunkte gibt in dem allseits bekannten Getriebe.

So gibt es z. B. für das Weihnachtsfest kulturell und christlich überlieferte Feierrituale. Darüber hinaus gestaltet jede Familie ihr eigenes Weihnachtsritual, das je nach Familienphase und Familienmitgliedern, die hinzukommen oder ausscheiden, auch wieder verändert wird. Sind die Kinder noch klein, dann stehen andere Rituale im Vordergrund als bei größeren oder denen, die schon ausgezogen sind. Es gibt tradierte Elemente, die oft über Generationen beibehalten bleiben, z. B. ein bestimmtes Essen, Lieder, die immer wieder gesungen werden (müssen), Rituale des Auspackens der Geschenke, das Weihnachtsglöckchen, das schon die Urgroßeltern benutzt haben, um die Kinder ins Weihnachtszimmer zu bitten. Wenn ein Paar das erste Mal sein eigenes Weihnachtsfest feiert, ist es interessant zu erleben, welche Rituale sich aus welcher Familientradition durchsetzen (Kartoffelsalat oder Fondue? Kugeln oder Strohsterne? Mitternachtsmette oder Familiengottesdienst? Geschenke verpackt oder unter einer Decke? Gemeinsames Singen und Musizieren, Weihnachtsgeschichte vorlesen, festliche Kleidung?) bzw. welche eigenen Elemente das Paar für sich entwickelt. Für die einen sind feste Bräuche im Ablauf ihrer Feste unverzichtbar, um eine Kontinuität zwischen Vergangenem und Zukünftigem herzustellen, andere wollen Neues erproben und Traditionen (manchmal nur vorübergehend) in die hinterste Ecke verbannen. »Weihnachten werde ich unter Palmen verbringen, weit weg von Weihnachtsstress und scheinbarer Familienharmonie«, sagte eine Studentin und bemerkte nach der Reise in die Karibik, dass ihr doch etwas gefehlt hatte. Erst viel später, nach ihrer Phase der Abkehr von den familiären, sie einengenden Ritualen, konnte sie über das, was sie in ihr eigenständiges Leben hinüberretten wollte, nachdenken und es integrieren.[42]

Das Thema von Passion und Ostern ist die Auseinandersetzung mit Leid und Tod und seiner Überwindung. Zu Ostern feiern die Christen die Auferstehung Jesu und damit den Sieg des Lebens über die Macht des Todes. Der Osterjubel kann sich aber eigentlich erst dann entfalten, wenn der Gegenpol, nämlich das Leid und der Anblick dessen, wozu Menschen auch fähig sein können, ernst genommen werden. Darum ist die Passionszeit die Konfrontation mit dem Leiden, dargestellt am Leben und Sterben Jesu. Das Kreuz ist also beides, Zeichen der Ohnmacht und des Leidens, aber auch Zeichen des Sieges. Zugleich fällt Ostern in den Frühlingsbeginn. Dessen neue Lebensimpulse werden in manchen Gegenden durch das Schöpfen des fruchtbaren Osterwassers, das Suchen von Ostereiern, die Symbole des Hasen und des Osterfeuers sowie andere

Bräuche eingeleitet, die den Sieg der Lebensmacht über den Tod verkörpern.

Es ist ein Unterschied, ob man Lebensthemen wie Geburt und Tod rational bearbeitet oder als Fest und Feier gestaltet: Im Weihnachts- und Osterfest wird das *Geheimnis* von Geburt, Leben und Sterben bedacht, d. h. diese Feste verbreiten eine Atmosphäre des Geheimnisvollen und halb Verstandenen. Das ist kein Verlust, sondern im Gegenteil die Erweiterung unseres Erlebens um Dimensionen, die ihren eigenen Überschuss und Überfluss mit sich bringen. Das platte Verstehen und Erklären von menschlicher Existenz macht dumpf. Man kann auch an seiner »eigenen Redlichkeit ersticken« (Fulbert Steffensky). Das Geheimnis gehört zu jeder Geburt, und viele Eltern erleben die Geburt ihres Kindes als ein Wunder. Dieser Aspekt ist aber in einer normalen Geburtstagsfeier kaum darstellbar; er benötigt, um nicht peinlich zu werden, den Schutz eines besonderen Raumes, einer größeren Anzahl von Menschen, die dieses Anliegen teilen, und auch eine Fülle von Symbolen, Ritualen und gestalterischen Kräften, die nicht immer neu erfunden werden müssen, sondern Jahrhunderte alt sind und ihre Wirkkraft bewiesen haben, wie es eben beim Weihnachtsfest der Fall ist. Erst dann kann es zur Resonanz zwischen den eigenen Gefühlen und einem übergeordneten Kontext kommen.

Zu beobachten ist in den letzten Jahren die Zunahme der Beliebtheit des Erntedankfestes. Es sieht so aus, als ob angesichts globaler, ökologischer und ökonomischer Probleme das Bedürfnis wachsen würde, sich noch einer anderen Quelle des Lebens zu vergewissern als dem puren Machbarkeitswahn mit all seinen Gefahren und Risiken.

Diese Feste mögen hier als Beispiele für die Verknüpfung menschlichen Erlebens mit einer universellen Dimension, wie sie die Religion darstellt, genügen. Und wiederum gilt: Auch wer die religiöse Komponente ablehnt, kann den Wahrheitsgehalt dieser Feste in irgendeiner anderen Form nachvollziehen und für seine Kinder erlebbar machen. Nur eines wäre zu simpel, wenn man nämlich Kindern diese allgemein gefeierten Feste mit der Begründung »Daran glauben wir nicht« ausreden wollte bzw. ihnen nicht ermöglichte, sie selbst zu erfahren.

Wie schön, dass du geboren bist…

Zu den Festen, die mit dem Leben des Einzelnen zu tun haben, zählen in erster Linie Geburtstag, Kommunion, Konfirmation bzw. andere Initiationsriten wie der erste Schultag. In manchen Familien wird statt des Geburtstages oder auch zusätzlich zu ihm der Namenstag gefeiert. Das ist natürlich nur dann möglich, wenn es im Heiligenkalender einen entsprechenden Namenspatron gibt. Dann aber ist es sinnvoll, Kindern auch zu erklären, warum man sie nach diesem benannt hat.

Manchmal kommt es vor, dass ein Erwachsener sagt: »Ich feiere meinen Geburtstag nicht, er ist ein Tag wie jeder andere.« Was ist wohl im Leben eines Menschen geschehen, der seine Geburt nicht feiern will? Vielleicht deutet ein solcher Ausspruch einfach nur auf Bescheidenheit und Zurückhaltung hin: Man will kein Aufhebens machen, keine Geschenke bekommen, nicht im Mittelpunkt stehen. Es könnte aber auch sein, dass dieser Mensch sich gerade in einer Lebenskrise befindet oder an einer schweren Krankheit leidet. Auf einer tieferen Ebene könnte es auch darum gehen, dass jemand – vielleicht aufgrund einer Traumatisierung in der Kindheit – es schwer hat, seine Existenz zu bejahen und Lebensfreude zu empfinden. Der Satz kann auch Ausdruck einer Identitäts- oder Sinnkrise sein: »Ich bin da, aber eigentlich will ich es gar nicht.«

Im Umfeld vieler Feste taucht die *Sinnfrage* auf. Da wir uns den Sinn des Lebens aber nicht selbst verleihen können, ist es umso wichtiger, die sinnstiftende Dimension der Feste wahrzunehmen. Wenn gemeinsam mit Kindern deren Geburtstag gefeiert wird, bekommen sie ausdrücklich oder unterschwellig die Botschaft: »Du bist ein Geschenk für uns, und darum wirst du heute selbst beschenkt. Wir feiern dich, ohne dass du dafür etwas tun musst, – allein aus dem Grund, dass es dich gibt. Du hast deinen Sinn und Wert in dir selbst.« Das bekannte Ständchen »Wie schön, dass du geboren bist, wir hätten dich sonst sehr vermisst« ist zwar unlogisch, drückt aber genau diesen Gedanken aus.

Viele Menschen möchten Feste gestalten, wissen aber nicht wie. Ohne ein tieferes Verständnis dafür, warum ein bestimmtes Fest gefeiert wird, kann das Feiern auf Dauer nicht gelingen. So beauftragen immer mehr Menschen Event-Anbieter, die ihre Feier ausrichten und dafür Module vorlegen, vom Kindergeburtstag bei

McDonald's bis zur Hochzeit unter Wasser oder in der Seilbahn. Es kann Überforderung oder Hilflosigkeit sein, die dazu führt, die Feiergestaltung aus der Hand zu geben. Aber auch Perfektionismus und Konkurrenzdenken sind oft die Motivation dafür, sie zu delegieren. Noch besser, noch perfekter, noch ideenreicher, noch verrückter soll es werden. Gerade bei Kindergeburtstagen wetteifern viele Eltern und Kinder um den »tollsten« Kindergeburtstag und setzen sich und die anderen Eltern dadurch unter permanenten Leistungsdruck.

Die Gefahr dabei, die Gestaltung aus der Hand zu geben, liegt u. a. darin, dass Außenstehende über die individuellen Bedürfnisse des Feierns entscheiden. Es zeigt aber auch, wie unsicher viele in der Frage geworden sind, wie ein gelungenes Fest aussehen könnte, bzw. es herrscht ein gewisser Druck, sich im Arrangieren immer ausgefallenerer Events überbieten zu müssen. »Heute sind Kindergeburtstage nur noch selten beschauliche Kinderfeste – sie mutieren allzu oft zu logistisch durchgeplanten Events, für die ambitionierte Eltern bereit sind, eheliche Summen auszugeben und von denen mittlerweile eine ganze Dienstleistungsbranche profitiert«, so die *Eltern*-Redakteurin Nicola Wilbrand-Donizelli.[43]

Zahlreiche Dienstleister und Feier-Profis werben auf ihren Internetseiten damit, dass Eltern den gestiegenen Ansprüchen der Kinder nur entsprechen können, wenn sie zum Geburtstag ein besonders trendiges Event bei den entsprechenden Spezialisten bestellen. Die »Kindergeburtstagsmacher tollkids« beispielsweise versprechen liebevoll zusammengestellte Pakete, die Kinder glücklich machen sollen und bis zu 750 Euro kosten (Stand Januar 2012).[44] Während hier der erhöhte Anspruch der Kinder aufgegriffen wird, den Eltern meinen, unbedingt erfüllen zu müssen (»Werden wir als Eltern sonst nicht mehr geliebt? Werden unsere Kinder sonst aus dem Kreis der anderen Kinder ausgeschlossen?«), geht die »kindergeburtstagsplanerin« unterschwellig auf die mögliche Überforderung und Angst der Eltern ein, mit der schwierigen Situation eines Kindergeburtstags vielleicht nicht fertig zu werden. Sie verspricht, den Eltern die Planung, Organisation und Durchführung abzunehmen, sodass diese sich ganz entspannen und den Kindergeburtstag genießen können.[45] Doch Kindern, die mit Vampir-, Piraten-, oder Prinzessinnen-Motto-Partys über drei Stunden lang animiert und bespielt werden, bleibt nur noch, ihre Geburtstagsfeier zu konsumieren.

In der Studie der Konrad-Adenauer-Stiftung »Eltern unter Druck« wird beschrieben, wie gerade Eltern aus dem bürgerlichen und etablierten Milieu in ihrem Bemühen, nur das Beste für ihr Kind zu wollen, nach Optimierungsmöglichkeiten in allen Lebensbereichen suchen, um ihren Kindern in einer zunehmend wettbewerbsorientierten Gesellschaft optimale Ausgangspositionen zu verschaffen.[46] Damit ihre Kinder glücklich werden, sind die Eltern dieser Milieus bereit, viel auf sich zu nehmen und keine Mühen zu scheuen. Es gehört zum Prestige, dem eigenen Kind so viele Chancen und so viel Freude wie möglich zu bieten. Dabei konstruieren Väter und Mütter sich zunehmend als die Organisatoren und Macher der Lebenswelten ihrer Kinder, die immer weniger Verantwortung und Pflichten für das eigene Leben übernehmen müssen (und darum dies auch immer weniger können).

Bei einer Feier wird diese dann auf Effizienz hin abgeklopft, so dass gar nicht mehr von einer Feier gesprochen werden kann, sondern es um ein Event geht, das den gängigen Marktgesetzen unterliegt und sich inhaltlich kaum mehr von den Events der Erwachsenen unterscheidet. Auf diese Weise werden Geburtstagswünsche nicht erfüllt, sondern geweckt, und das Geburtstagskind ist zu Gast auf seiner eigenen Feier. Wer seinem Kind einmal ein solches Event geboten hat, hat damit nicht nur bei ihm selbst, sondern auch bei den Geburtstagsgästen Maßstäbe gesetzt, die natürlich im kommenden Jahr übertroffen werden müssen und andere Eltern unter Druck setzen. Familien, die sich dieser Spirale von Attributen wie »noch spektakulärer, noch perfekter, noch spleeniger und toller …« entziehen wollen, gibt es zum Glück immer noch häufiger als diejenigen, die um jeden Preis mithalten wollen, wie eine Internetumfrage zum Thema »Machen Sie den Trend zum Event-Kindergeburtstag mit?«[47] dokumentiert:

7,8 Prozent bejahten die Frage mit der Begründung, sie würden ihr Kind glücklich machen wollen; 2,4 Prozent sagten, sie würden mitmachen, weil sie meinten, mit anderen Familien mithalten zu müssen. Dem gegenüber standen 68,8 Prozent der Eltern, die sich dem Trend verweigerten, da sie ihre Kinder nicht übertrieben verwöhnen wollten, und 21 Prozent sahen gar keine Möglichkeit mitzumachen, da ihnen das Geld dazu fehlte.

Vielleicht haben diejenigen, die ihr Kind auf diese Weise glücklich machen wollen, und diejenigen, die mithalten müssen, in der

Zwischenzeit ein Gespür dafür entwickelt, dass diese Form der »Glücksspirale« nicht stimmig ist? Wir möchten sie ermutigen, ihrem Gefühl zu vertrauen.

Was macht ein Fest zu einem gelungenen Fest? Oder: Die Feier als Stärkung des seelischen Immunsystems[48]

Feste können nur gelingen, wenn sie in Übereinstimmung mit den zu Feiernden und dem Anlass sind. Wie schwierig das oft ist, zeigt sich an starren Familienfesten, die gerade von vielen Jugendlichen als Belastung erlebt werden. Vorhandene Rituale haben ihren Sinn verloren, an die Stelle von lebendiger Festlichkeit tritt ein gequältes Zusammensein oder eine verkrampfte Entschlossenheit. Ein nur auf sich selbst bezogenes Familienleben mit wenig Außenkontakten wird von einzelnen Mitgliedern häufig als zu eng erlebt. Es fehlen der Freiraum und die Offenheit für erneuernde Elemente und für andere Menschen. Gewohnte Rituale werden unnachgiebig eingehalten; sie fordern zur Anpassung auf. Statt Lebendigkeit und Gemeinschaft halten Starrheit und Einsamkeit Einzug. Spielräume für Ungeplantes und Spontanes, die wirkliche Begegnung schaffen und bedeutsame Lebensmomente ermöglichen, fehlen.

Eine Feier, die gelungen ist, kann die Eigenschaft haben, die Feiernden für eine kurze Zeit aus den Alltagssorgen herauszuheben. Sorge ist auf das Zukünftige gerichtet, auf die Fragen und möglichen Probleme, die der morgige Tag bringen mag. In der Feier hat das Recht auf die momentane Stunde und den heutigen Tag Vorrang: Jetzt sind wir zusammen und feiern. Der Existenzphilosoph und Pädagoge Otto Friedrich Bollnow setzt der Zeitlichkeit der Alltagssorge die »Zeitlichkeit der geglückten Stimmung«[49] entgegen. Das Zeitgefühl der Feiernden entspricht zwar eher dem Genuss des Augenblicks, kann aber dennoch gleichzeitig Erinnerung an Vergangenes und Vorwegnahme des Zukünftigen sein.

Wer sich daran macht, Feste und Feiern in dem von uns beschriebenen Sinne auf ihre Wirkung hin zu befragen und sie bewusst zu gestalten, wird eigene heilsame Formen finden, ohne gewachsene Traditionen zu verachten, und wird alte Formen mit neuen Inhalten füllen können. Wer regelmäßig Feste plant, vorbereitet und feiert, ihren Sinn versteht und bejaht, der kann in ihnen erfahren, dass das Leben mehr ist als das, was wir täglich erleben oder worunter wir leiden. Ein Fest zu feiern bedeutet auch, die Klänge, die Musik, die Gerüche, den Geschmack, ja vielleicht sogar das subtil Exzessive sinnlich wahrzunehmen und so mit den eigenen Sinnen die Bedeutung von Fest und Feiern geradezu leiblich zu erfahren.

Feste und Feiern können eine heilsame Unterbrechung des Alltäglichen sein und etwas von der Fülle des Lebens aufscheinen lassen, die nicht immer sichtbar ist. Sie vermitteln die poetische Seite des Lebens im Gegensatz zu seiner Zweckorientiertheit. Sie sind spielerische Inszenierungen dessen, was wir ahnen, aber nicht immer realisieren können – Inszenierungen einer Fülle von Schönheit und Ganzheit, die in gewissem Sinne utopisch ist, aber dennoch die Möglichkeit einer anderen Dimension immer wieder aufscheinen lässt.

Im Alltag das »auch noch Mögliche« zu suchen und immer wieder auch zu finden, kann zu einer Lebenshaltung werden. Solch ein eher spielerischer Umgang mit dem Leben kann durchaus auch in alltägliche Dinge einfließen: ein kleiner Spaß auf dem Nachhauseweg, ein »feierliches« Abendessen an einem normalen Alltag, ein spielerischer Einkauf, ein einvernehmliches Augenblinzeln mit seinem Kind. Durch sie gewinnt der Alltag mit seiner Routine eine neue Qualität und Heiterkeit. Und wer im Kleinen auf solche Möglichkeiten der Durchbrechung des Alltäglichen achtet, bekommt auf Dauer ein Gespür dafür, wie viele Gelegenheiten der Tag, ja der Ablauf eines Jahres zum Feiern bereit hält.

Noch einmal und abschließend sei gesagt: Fest und Feier dienen dazu, die Fülle des Lebens aufscheinen zu lassen gegenüber allen Verplanungen, Verzweckungen und Vermarktungen des Menschen. Es steht auf dem Spiel, ob wir uns mit einer Schmalspurausgabe des Lebens begnügen, die unsere besten Seiten verkümmern lässt, oder ob wir Gefallen finden an der Inszenierung des Überflüssigen und Zwecklosen – also dessen, was man nicht an einer Kosten-Nutzen-Rechnung ablesen kann. Aus solchen Inszenierungen können geradezu spielerisch alternative Lebensmodelle für eine menschlichere Zukunft in Beruf, Privatleben, Familie und Freizeit hervorgehen. Aber auch ohne eine solche weitreichende Perspektive ist es schon heilsam genug zu feiern, um sein inneres Immunsystem gegen alles zu stabilisieren, was uns auf reinen Zweck und Nutzen festlegt und damit aus Menschen Maschinen macht.

Weiterführende Fragen

- Welches Fest haben Sie zuletzt organisiert? Welche Gefühle hatten Sie dabei (Vorfreude, gemischte Gefühle, Angst)?
- Welche Art von Festen mögen Sie grundsätzlich nicht?
- Welches Fest im Kirchenjahr stärkt Sie?
- Welche Art von Festen feiern Ihre Kinder gerne?
- Welche Fest- und Feiertraditionen bringen Sie aus Ihrer Herkunftsfamilie mit, welche Rituale haben Sie oder Ihre Kinder in anderen Familien, im Kindergarten oder in der Schule erlebt? Welche davon haben Sie bei sich zu Hause schon ausprobiert?
- Interessieren Sie sich dafür, wie Menschen in fremden Kulturen und Religionen feiern? Haben Sie schon einmal an solchen Festen teilgenommen? Welche Wirkung hatte das auf Sie und auf Ihre Kinder?
- Welche Erfahrungen haben Sie damit, mit Ihren Kindern Feste gemeinsam zu planen und zu organisieren?
- Wird in Ihrer Familie der Sonntag anders gestaltet als der Alltag?
- Wann und mit welchen Mitteln kommen Sie zur Ruhe? Wie kommen Ihre Kinder zur Ruhe?
- Können Sie es ertragen, wenn Ihre Kinder Langeweile haben?
- Welche Spiele spielen Ihre Kinder, bei denen es keine Gewinner und Verlierer gibt?
- Welche Spiele spielen Sie mit Ihren Kindern gerne gemeinsam? Wann haben Sie zuletzt gespielt?
- In welche Rolle schlüpft Ihr Kind besonders gerne? Welche Rollen spielen Sie gerne?
- Durften Sie sich als Kind schmutzig machen?
- Lieben Sie Familienzusammenkünfte?
- Was ist für Sie ein »gelungenes Fest«? Spüren Sie manchmal die nachhaltige Kraft eines gelungenen Festes im Alltag?

Vom Umgang mit Leid und Abschied

Wir sind täglich mit Leid und Tod konfrontiert, sei es über die Medien oder im eigenen Alltag: Menschen oder Tiere werden krank, kurzfristig oder über längere Zeit, sie bedürfen der Pflege, werden wieder gesund oder sterben. Kinder erfahren von Hungerkatastrophen, Tsunamis oder anderen Unglücksfällen und erleben das damit verbundene Leid mehr oder weniger intensiv mit. Sie erfahren aber auch in ihrem eigenen Alltag, dass sie oder andere sich verletzen, krank werden, Kümmernisse haben, bei denen es gut tut, wenn sie mit den Worten »Es wird schon alles wieder gut« getröstet werden. Aber manchmal merken sie auch, dass eben nicht »alles wieder gut« wird.

Wie lernen Kinder, mit Leid und Tod, mit Trauer und Kummer umzugehen? Wozu könnten Leiderfahrungen wichtig sein? Wer oder was kann Kindern helfen, damit umzugehen? Wie gelangen wir zu einer Integration des Leids in unser Leben?

Die Überschätzung des Machbaren

In einer Zeit, in der Fitness und ständige Jugendlichkeit sowie Leistungsfähigkeit eine überragende Rolle einnehmen, ist der Umgang mit Leid schwierig geworden. Leid gilt weithin als ein noch letztes, aber doch auch irgendwann noch zu überwindendes Relikt aus einer Zeit, in der noch nicht alle Möglichkeiten zur Schmerzvermeidung zur Verfügung standen. Schon jetzt ist der Konsum von Medikamenten und diversen Aufputschmitteln, die gegen alle möglichen unangenehmen Zustände, von Müdigkeit bis zu Schlaflosigkeit, von Schulangst bis zu Konzentrationsstörungen, bewahren sollen, exorbitant hoch. Die Hoffnung, dass der medizinische Fortschritt bald die letzten Lücken unheilbarer Krankheiten schließen wird, ist verständlicher Weise groß. Was die Schönheitschirurgie, die schon von Jugendlichen in Anspruch genommen wird, leisten kann, ist bekannt.

Vor diesem Hintergrund hat sich insgesamt eine Haltung entwickelt, die darauf abzielt, Schwächen jeglicher Art zu vermeiden oder zu beseitigen, und allgemein wächst die Einstellung, Leiden, Behinderung und ähnliche Probleme müssten doch *in den Griff zu bekommen* sein, wenn man nur die richtige Nahrung, den optimalen Arzt, die entsprechende Medizin oder das individuell zugeschnittene Fitnessprogramm usw. hat.

Aber diese *Überschätzung des Machbaren* und damit die Unterschätzung dessen, was trotz aller Bemühungen nicht oder nur teilweise gelingt, hat einen hohen Preis, nämlich die Schwächung, teilweise sogar den Verlust individueller Bewältigungsressourcen. Das Leidvolle, nicht Perfekte, Unvorhersehbare gehört zum Leben, und es scheint eine lebenslange Entwicklungsaufgabe zu sein, Leid zu integrieren, es zu (er)tragen oder zu gestalten.

Wie Kinder – und natürlich auch Erwachsene – mit Leid umgehen, hängt nicht zuletzt davon ab, wie sie im Leben verwurzelt sind und ob sie gelernt haben, bereits kleine Misserfolge und Frustrationen aller Art in den Fluss des Lebens mit hineinzunehmen.

Leiden beginnt ja nicht erst in den großen Krisenzeiten, sondern sobald das Leben anfängt. Die Geburt ist auch für den Säugling ein Schmerz, und vielen Eltern zerreißt es oft das Herz, wenn ihre Babys weinen und schreien, sie aber nicht sofort helfen können. Natürlich müssen Mütter und Väter wahrnehmen lernen, ob ihre Säuglinge Hunger haben, nass liegen, wund sind oder sich einsam fühlen, und für Abhilfe sorgen. Das Urvertrauen des Kindes stellt sich dadurch ein, dass Bezugspersonen die Bedürfnisse des Säuglings feinfühlig erkennen und erfüllen. Nicht immer aber können Eltern die Sprache ihres Säuglings verstehen oder darum nicht angemessen reagieren, weil sie entweder nicht sofort abkömmlich sind oder nicht zu jeder Zeit »auf Empfang« sind. Somit gibt es selbst für einen gut umsorgten Säugling immer wieder Zeiten, in denen seine Bedürfnisse nicht oder nur unangemessen befriedigt werden.

Genau hier, in diesem ersten sensiblen Lebensjahr, gibt es aber eine wichtige Entwicklungsaufgabe für Mütter, Väter und Kinder: so viel Urvertrauen wie möglich zu vermitteln bzw. aufzubauen, damit ein Gegengewicht zu dem sich immer wieder einstellenden Urmisstrauen und den Unsicherheiten und Unwägbarkeiten des Lebens entsteht.[50] Aus der Bindungsforschung und Entwicklungspsychologie ist hinreichend bekannt, dass Kinder erst durch Nähe, Kontinuität, Stabilität, sichere Bindung und das verlässliche Du eine »Lebens«-Sicherheit bekommen, die ihnen nicht nur hilft, mutig auf ihre Umwelt zuzugehen und Neues mit Freude zu entdecken, sondern sie auch stabilisiert, mit Unsicherheiten und leidvollen Erfahrungen besser fertig zu werden. Frustrationstoleranz zu erlernen, ist somit eine wichtige Entwicklungsaufgabe in dieser Zeit. Enttäuschungen, Schwierigkeiten, aber auch Herausforderungen, Krisen und Leidenszeiten sind nicht gleich abzuwehren, an andere zu delegieren, die sie »wegmachen« sollen, sondern es gilt, sie wahrzunehmen, auszuhalten und zu gestalten.

In den ersten Lebensjahren geht es vor allem um die leibliche und sinnliche Erfahrung, dass das Leben es trotz vieler Schwierigkeiten und Leiden gut mit mir meint: Ich habe Hunger und bekomme zu essen, ich habe Durst und bekomme zu trinken, ich bin traurig und werde getröstet, ich habe Angst und werde gehalten. Aus der frühen, immer wiederkehrenden Erfahrung, dass ein vertrautes Du in schwierigen Zeiten *für* einen da ist, präsent ist, kann sich im Laufe des Lebens nicht nur ein »kosmisches Urvertrauen«, sondern auch eine »Für-Sorge und Mit-Sorge « entwickeln.

Der große deutsche Mystiker Meister Eckhart hält es für ein Ziel des Lebens, dass die Gegenpole von »innen und außen, begreifen und umgriffen werden, halten und gehalten werden« miteinander korrespondieren, ja ineinander fallen. Er weist in diesen Versen darauf hin:

»Wie wunderbar:
Draußen stehen wir drinnen,
begreifen und umgriffen werden,
schauen und das Geschaute sein,
halten und gehalten werden, das ist das Ziel!«[51]

Erst durch das tiefe Vertrauen ins Leben selbst, das sich langsam, durch Wiederholung von täglich wiederkehrenden Abläufen (trockenlegen, füttern, trösten, pflegen) und die Gewöhnung daran entwickelt, können Hoffnung und Zuversicht wachsen, weil Mangelerfahrungen durch »allseitige Besorgungen« (Johann Heinrich Pestalozzi) ausgeglichen werden.

Menschen, die am Anfang ihres Lebens erfahren haben, dass es gut ist zu sein, entwickeln eine Lebens- und Liebes-Kraft, die ihnen hilft, Beziehungen aufzubauen und mit Leid umzugehen. Sie konnten zum einen die wiederkehrende Erfahrung machen, wahrgenommen zu werden, und zum anderen zur ebenso wichtigen weiteren Erkenntnis kommen, dass Leiden (meist) zeitlich begrenzt ist. Denn die Erfahrung, »gehalten« (real und symbolisch) worden zu sein, wird emotional erinnert sowie im Körpergedächtnis gespeichert und kann nicht nur in leidvollen Zeiten wieder aktiviert werden. Die personalisierte Erfahrung der mütterlichen oder väterlichen Liebe geht im kosmischen Urvertrauen auf, das auf das Vertrauen in einen Schöpfergott übertragen und in zwischenmenschlichen Beziehungen gelebt werden kann.

Durch die Erfahrungen des Geborgenseins und Gehaltenwerdens kann sich nach und nach ein Kraftfeld aufbauen, aus dem in kommenden Not- und Leidenssituationen geschöpft werden kann. So erfahren Kinder z. B. leiblich, dass ihr Knie nach einem Sturz blutet, aber die Wunde nach einiger Zeit auch wieder heilt, oder dass es nach einem Streit Versöhnung gibt, und sie erleben kosmisch, dass es Nacht wird und wieder Tag. Die Grunderfahrung aus solchen Wahrnehmungen der Polaritäten des Lebens könnte heißen: »Es wird wieder gut!«

Kinder hören gerne gelungene Geschichten aus ihrem eigenen Leben; diese biographischen Erzählungen, verbunden mit dem Betrachten von Fotos, sind auch eine Vergewisserung des Da-Seins: Wie war das, als ich geboren wurde? Wer hat mich erwartet? Was hat Papa gesagt, als er mich das erste Mal gesehen hat? Wie war meine Taufe oder mein erster Geburtstag? Wer hat mitgefeiert? Wie ist mein Taufspruch? Wie war unsere erste Woche zusammen? Was haben Opa und Oma (die Geschwister, die Tanten und Onkel) gesagt, getan? Wie war das, als ich damals krank war und dann wieder gesund geworden bin? Etc. Hier ist es wichtig, dass Erwachsene die Fragen der Kinder hören, ihnen mit Erzählungen und Geschichten antworten und auf diese Weise die Entwicklung des kosmischen Urvertrauens stärken. Methodische Anregungen dazu (etwa durch die Gestaltung des Jahreskreises, durch Lieder, Geschichten) gibt es u. a. bei dem Pädagogen Franz Kett. Er geht von einem existenzanalytischen Ansatz der Entwicklung aus, in dem das Leben »... als Gegebenheit, Gabe und Aufgabe verstanden [wird]. Daraus entwickelt sich als erste Aufgabe, das Kind in seinem

Dasein zu bestärken. Das Ja zum eigenen Dasein wird als Grundkompetenz für die eigene Personwerdung gesehen. Eine entsprechende Lebenseinstellung lässt sich mit den Worten beschreiben: ›Es ist nicht immer leicht, da zu sein, aber es ist gut, dass es mich gibt!‹«[52]

Könnte es sein, dass Leiderfahrungen geradezu für die Entwicklung nötig sind und einen ähnlichen Effekt haben wie manche Kinderkrankheiten, die eben nicht einfach nur »wegzumachen« sind, sondern das Immunsystem stärken? Es scheint so, als solle der Mensch von Anfang an körperlich und seelisch auf das vorbereitet werden, was ihm immer wieder im Laufe seines Lebens in anderer Form begegnen wird. Das wirft die Frage auf, welches Maß an Leid manchmal »nötig« und unvermeidbar ist, um Reifungsprozesse einzuleiten.

Von Kümmernissen, Misserfolgen und Tränen

Der Arzt und Pädagoge Janusz Korczak beschreibt in einer seiner Beobachtungen in beeindruckender Weise ein kleines Kind, das sich mühevoll damit beschäftigt, eine Tür eigenständig zu öffnen. Er beobachtet hierbei nicht nur die kleinen Frustrationen, erneuten Anstrengungen, die gefährlichen Situationen, sondern auch, wie das Kind sich verhält, als es ihm gelungen ist, die Tür zu öffnen. Vielleicht können Sie sich während des Lesens von Korczaks kleinen Beobachtung folgende Fragen stellen: An welchen Stellen werde ich unruhig? Was würde ich anstelle des Beobachters tun? In welchen Situationen würde ich eingreifen? Was würde ich durch mein Eingreifen ermöglichen, was verhindern?

»Bronek möchte die Tür öffnen. Er schiebt einen Stuhl heran. Er bleibt stehen und ruht sich aus, bittet aber nicht um Hilfe. Der Stuhl ist schwer, er hat sich abgerackert. Jetzt zieht er einmal an einem Bein, dann an dem anderen. Die Arbeit geht langsamer, aber leichter voran. Schon ist der Stuhl nahe bei der Tür, ihm scheint, er schafft es, er klettert hinauf und steht. Er kommt ins Wanken, kriegt Angst, steigt wieder herunter. Er schiebt den Stuhl dicht an die Tür, aber seitlich der Klinke. Ein zweiter fehlgeschlagener Versuch. Keine Spur von Ungeduld. Er beginnt erneut zu arbeiten, er legt nur längere Ruhepausen ein. Zum dritten Mal klettert er hinauf; ein Bein in der Luft, ein Handgriff, auf sein Knie gestützt versucht er, das Gleichgewicht zu halten, ein neuer Anlauf, die Hand umklammert die Kante – er liegt auf dem Bauch; eine Pause, er wirft den Körper nach vorn, kniet, befreit die Beine aus seinem Kittelchen, steht. [...]

Ein Einsatz aller Muskeln und der ganzen Intelligenz, um endlich die Türklinke zu erreichen.

Die Tür ist offen – er seufzt tief auf. Diesen tiefen Seufzer der Erleichterung können wir schon beim Säugling nach jeder Willensanstrengung beobachten, nach jeder lang anhaltenden, gespannten Aufmerksamkeit. [...] Wenn ihr in der Lage seid, die Freude des Kindes und ihre Intensität zu diagnostizieren, müsst ihr feststellen, dass die größte Freude diejenige über eine bewältigte Schwierigkeit, über ein erreichtes Ziel, über ein aufgedecktes Geheimnis ist. Eine triumphierende Freude und das Glück der Selbständigkeit, der Bewältigung, der Beherrschung.«[53]

Eine solche Situation erfordert von den Erwachsenen die Auseinandersetzung mit ganz bestimmten Vorstellungen, was das Beste für ein Kind sei, und mit der eigenen Angst um das Kind. Gelänge es Bronek wohl auch, unter einer ängstlichen, kontrollierenden oder überfürsorglichen Mutter diese Eigenständigkeit zu entfalten?

Vielleicht haben Sie beim Lesen des Beispiels selbst bemerkt, wie leicht oder schwer es Ihnen fällt, Ihre Angst um ein Kind auszuhalten. Vielleicht hätten Sie an manchen Stellen schon sehr früh eingegriffen, geholfen oder unterstützt, um dem Kind das Leid der Anstrengung, den Misserfolg oder auch einen schmerzhaften Sturz zu ersparen? Was hätten Sie dem Kind dadurch aber genommen – den Stolz, die Freude, die Selbstwirksamkeit und die eigene Kraft?

Es ist lohnenswert, sich zugunsten der Entwicklungsprozesse des Kindes sowohl mit den eigenen Ängsten auseinanderzusetzen als auch mit der Absicht, das Kind behüten und es glücklich machen zu wollen. Gerade darum, *weil* das Kind (gleiches gilt für Erwachsene) es manchmal schwer hat, kann es glücklich werden. Wieder eine der Paradoxien des Lebens!

Korczaks Beschreibungen zeigen, dass Kinder, wenn wir sie denn lassen, mehr oder weniger beiläufig lernen können, mit Misserfolgen zu leben und sie in Erfolg umzuwandeln. Beim Gehenlernen ist es ja ganz offensichtlich: Das Kind versucht zu laufen, fällt hin und versucht es erneut. Oder in einer anderen Situation: Es stapelt einen

Turm aus Bauklötzen auf, der einstürzt und wieder neu errichtet wird.

Eltern geraten – aus gut gemeinter aber übertriebener Fürsorge oder aus Ängstlichkeit – manchmal in die Gefahr, ihren Kindern mögliche Misserfolge zu früh und zu schnell ersparen oder schwierige Situationen gar abnehmen zu wollen. So berichtete eine Kita-Leiterin in einer Supervision von ihrer Auseinandersetzung mit Eltern, deren Kind beim Klettern von einem Baum gefallen war und die vehement forderten, den alten Kirschbaum im Außengelände zu fällen, damit die Kinder keine Möglichkeit mehr hätten, sich zu verletzen. Lehrer und Lehrerinnen klagen, dass Kinder, die getadelt werden, damit drohen, ihre Eltern zu benachrichtigen, die dann den Rechtsanwalt einschalteten. Viele Eltern glauben, ihren Kindern in solchen leidvollen und problematischen Situationen den Rücken stärken zu müssen. Das Gegenteil aber ist der Fall: Sie schwächen das Rückgrat ihrer Kinder, nämlich die Kraft, sich selbst auseinandersetzen und Verantwortung übernehmen zu müssen. Die Erfahrungen des Kindes, sein Lebensgeheimnis und seine Gefühle müssen sowohl vor dem Zugriff einer besitzergreifenden Liebe als auch vor den verhängnisvollen Vorstellungen der Erwachsenen, die ihr Kind glücklich sehen oder das Beste wollen, aber auch vor dem Zugriff durch Psychologisierung und Pädagogisierung geschützt werden. So forderte Korczak die »Magna Charta Libertatis« als ein Grundgesetz für Kinder: Das Kind durch Rechte zu schützen, bedeutete für ihn in erster Linie, die Erfahrungen des Kindes und damit sein Anderssein, seine Individualität und sein Kindsein zu schützen. Korczak verlangte eine dialogische Struktur, in der das Recht auf Achtung oberste Priorität hat: »Ich fordere die Magna Charta Libertatis, als ein Grundgesetz für das Kind. Vielleicht gibt es noch weitere, ich aber habe diese drei Grundrechte herausgefunden:

Das Recht des Kindes auf den Tod.

Das Recht des Kindes auf den heutigen Tag.

Das Recht des Kindes, das zu sein, was es ist.«[54]

Die Radikalität seiner Forderungen wird besonders durch den ersten Punkt deutlich. Indem er das Recht auf den Tod fordert, stellt er das Leben mit seinen Wagnissen und Risiken in die Eigenverantwortung des Kindes. Erwachsene nehmen Kindern durch ihre Angst und Überfürsorge, durch zu schnelles Eingreifen oder ihre

Vorstellungen von dem, was »das Beste für ihr Kind ist«, wesentliche Erfahrungs- und Lebensmöglichkeiten.

Korczak mutet den Erwachsenen zu, eigene Ängste um das Leben des Kindes und eigene Vorstellungen von dessen geradem, gefahrlosem Weg in eine glückliche Zukunft genau zu überprüfen und, falls nötig, zugunsten neuer Einstellungen zu revidieren. Damit würden die vielfältigen kindlichen Entwicklungsmöglichkeiten geachtet und ihnen Raum gegeben.

Zu dem Umgang mit Misserfolgen gehört auch noch eine weitere Variante: Das Schönreden der Misserfolge. Wenn jede Kritzelei als Beweis höchster Kreativität gefeiert wird, wenn jeder schräge Ton auf der Blockflöte als Beginn einer Konzertkarriere hochgelobt wird, verliert das Kind die Maßstäbe, um Gelingen von Scheitern zu unterscheiden und mit Letzterem sachgerecht umzugehen. Die Alternative zum nicht angebrachten Lob ist nicht der Tadel, sondern die sachliche Feststellung von Mängeln, der gemeinsame Überlegungen zur Verbesserung folgen können.

Was erfahren z. B. die beiden ca. 10-jährigen Mädchen, die auf einem Weihnachtsmarkt an einer Ecke stehen und versuchen, auf ihren Blockflöten »Vom Himmel hoch ...« zu spielen, aber keinen richtigen Ton hinbekommen und in ihrer aufgestellten Dose mit Geldstücken belohnt werden bzw. überschwängliches Lob von vorbeigehenden Erwachsenen hören? Sie erfahren dreierlei: a) Es zahlt sich (in konkreter Münze) aus, Unfertiges zu präsentieren, b) Es lohnt sich nicht, sich anzustrengen, c) Egal, wie wir spielen – es ist schon gut. Realistische Reaktionen der Erwachsenen, in diesem Fall nicht nur der Passanten, sondern der Eltern, wären angemessener gewesen. Sie hätten die Kinder ernst genommen, wenn sie ihren Einsatz gewürdigt, aber doch vermittelt hätten, besser noch ein wenig zu üben, bevor sie sich auf die Straße wagten. Dadurch hätten die Mädchen eine Chance gehabt, sich selbst realistisch einzuschätzen.

Bei Kümmernissen, Misserfolg und Verletzungen fließen auch *Tränen*. Energetisch gesehen haben Tränen eine reinigende Kraft und ermöglichen es, im wörtlichen Sinne etwas abfließen zu lassen. In therapeutischen Prozessen bringt das Weinen oft einen Durchbruch. Darum muss auch nicht jede Träne vermieden oder sofort getrocknet werden. Es gibt Tränen des Schmerzes, z. B. durch eine körperliche oder seelische Verletzung. Hier werden wir natürlich versuchen, den Schmerz zu stillen. Es gibt Tränen der Freude (bei Kindern eher selten). Es gibt das Wutgeheul, das sich, wenn es nicht durch ein Kraftwort (nicht Machtwort, siehe S. 62 ff.) unterbrochen wird, immer weiter steigern kann. Es gibt das Weinen aus Selbstmitleid, das irgendwann von selbst aufhört. Es gibt das Weinen aus Kummer. Wahrscheinlich kennt jeder den Schmerz eines bestimmten Kummers (z. B. Liebeskummer), bei dem man sich zurückziehen will, um ungestört weinen zu dürfen. Wir wollen in solchen Situationen weder Trost noch rationale Argumente hören.

Janusz Korczak hinterließ uns die Geschichte vom Straßenjungen und dem verrückten Alten, der für sein Laboratorium Tränen in kleinen Flaschen sammelt und diese »psycho-chemisch« untersucht: »Siehst du Antek, das hier sind alles Tränen. Tränen von den verschiedensten Menschen, Tränen aller Art, von den reinsten Kindertränen bis zu den schwärzesten Tränen der Eifersucht. Hier siehst du die Früchte meiner vierzigjährigen Arbeit. Siebentausendsechshundertfünfundsiebzig Arten von Tränen. Sieh, welch unschätzbares Material für die Forschung. [...] Die Träne ist die Flüssigkeit, die in der Seele des Menschen alles Schlechte zu Bodensatz macht, die das ganze Gift der Seele nach unten drückt.«[55] Und an anderer Stelle heißt es: »Die Kinder weinen öfter als die Erwachsenen, nicht, weil sie Heulsusen sind, sondern, weil sie tiefer empfinden, mehr leiden. Warum achten die Erwachsenen die Tränen nicht?«[56] Der Kummer will abfließen dürfen.

Manchmal aber kann es sein, dass zum Schutz des anderen dessen nicht enden wollendes Weinen nach vielen Tröstungsversuchen unterbrochen werden muss: »Nun ist es auch mal genug.« Das ist dann kein Moralisieren oder Nicht-Ernstnehmen des Schmerzes, sondern eine heilsame Unterbrechung, ein kleiner Schock, der wieder für die Realitäten des Lebens öffnet. Aber was sind das für Tränen, die nicht enden wollen? »Eigensinnige und launische Tränen, das sind Tränen der Ohnmacht und der Empörung, ein verzweifelter Versuch von Protest, ein Ruf nach Hilfe, eine Klage über nachlässige Obhut, ein Zeugnis dafür, dass es unverständig eingeengt und gezwungen wird, ein Zeichen von Unwohlsein, aber immer ein Leid.«[57]

Generell sind alle Kümmernisse und alle Tränen ernst zu nehmen, auch wenn Erwachsene den Grund oft banal finden. Für Kinder spielt sich vieles auf einer anderen Ebene ab als auf der rationalen. Stattdessen ist das seelische Gleichgewicht aus der Balance und bedarf einer Unterstützung. So antwortet Korczak auf die Frage: Wer kann Erzieher werden? »Alle Tränen sind salzig, wer das weiß, kann Kinder erziehen.«[58]

Leiderfahrungen würdigen

Leiden ist die verstärkte Art des Kummers. Hier kommen seelische und körperliche Komponenten ins Spiel, die bisweilen der Behandlung bedürfen und die außerdem oft die Sinnfrage aufwerfen.

Wenn die Puppe kaputt geht, wird das Kind wohl nicht nach dem Sinn von Werden und Vergehen fragen. Wenn der geliebte Hamster stirbt, kann das schon ganz anders aussehen: Warum muss ich mich trennen von etwas, das ich geliebt habe und das diese Liebe auch in irgendeiner Weise erwidert hat? Noch dramatischer stellt sich diese Frage beim Leiden oder Tod eines Familienangehörigen.

Bemerkenswert ist in diesem Zusammenhang, dass Kinder in der Regel eigenes Leid, z. B. eine Krankheit, sehr gelassen hinnehmen. Zwar sind manche Einschränkungen lästig, man kann z. B. nicht am Sport teilnehmen, aber dafür gibt es auch Annehmlichkeiten: Die Schule fällt aus, man wird liebevoll behandelt und umsorgt. Selbst Kinder, die lebensbedrohlich an Krebs erkrankt sind, vermögen es oft, ihre Umwelt aufzumuntern und zu erheitern. Eine Mutter, die ihr Kind durch einen Hirntumor verloren hat, beschreibt dies sehr eindrücklich: »In den letzten Monaten seines kurzen Lebens, als er kaum noch Worte in seinem kranken Kopf finden konnte, hatte er eine ganz besonders wichtige Botschaft im Sinn: Er wollte uns die Angst vor dem Tod nehmen. Durch seine muntere Kommunikation, verbal und nonverbal, hat er uns mitgenommen auf den Weg, auf dem er so jung ganz bewusst dem Tod entgegenlebte. Tatsächlich wollte er unsere Tränen trocknen, die geweinten und die ungeweinten. ›Es gibt doch keinen Grund. Ich bin doch dann im Himmel und da ist es schön‹, hat er einmal gesagt.«[59] Und weiter schreibt die Mutter über den sterbenden 12-jährigen Jonas: »Gott und Christus werden immer wichtiger, und ich glaube, das gehört für ihn einfach zur Bewältigung seines Schicksals. Sie bestimmen seinen Weg und geben ihm Trost und Kraft zu gehen [...].«[60] Zum Glück sind solche tragischen Ereignisse eher selten.

Aber auch Anlässe, die Erwachsene als geringfügig ansehen, können für Kinder leidvoll sein. Im Falle eines Hamsters, der gestorben ist, bedeutet nämlich die Aussage »Sei nicht traurig«: Dieses Tier hat keinen besonderen Wert in sich und ist nicht einmalig. Damit wird dem Kind aberzogen, was es intuitiv spürt: dass der Hamster doch einmalig war. Dieser Einmaligkeit gilt es durch Rituale Rechnung zu tragen. Auch ein Hamster kann betrauert und in bestimmter Weise beerdigt werden. Und dennoch: So ist das Leben, nichts bleibt auf Dauer wie es ist, und man kann das nicht verhindern. Heute ist es allerdings auch nicht mehr ganz undenkbar, dass es Eltern gibt, die zum Zoohändler gehen und sich darüber beschweren, dass das Tier nur so eine kurze Lebensdauer hatte...

Kinder lernen entweder, dass menschliche Möglichkeiten begrenzt sind und man damit leben muss und kann, oder sie lernen, dass das, was man früher Schicksal nannte, in Wirklichkeit die Schuld und das Versagen anderer ist. Schlechte Schulleistungen sind folglich die Schuld schlechter Lehrer, der Tod der Großmutter ist Folge ärztlichen Versagens.

Der Glaube ist nicht in das Leiden verliebt, wie oft behauptet wird. Weder die Bibel noch die christliche Tradition reden davon, dass Leiden gut oder wünschenswert sei. Aber es ist Bestandteil des Lebens. Leid ist nicht an sich schon sinnvoll, es ist aber auch nicht um jeden Preis zu vermeiden. Der Leidende gerät in den Bereich einer besonderen Atmosphäre. Die üblichen Lebensabläufe funktionieren nicht mehr reibungslos, etwas ist gestört. Es stellt sich dann die Frage, ob man total in den Bann des Leidens gezogen wird, keine Handlungsmöglichkeiten mehr hat und alle Hilfe von außen erwartet, oder ob es innere Kräfte gibt, die wirksam werden können. Bei einer körperlichen Erkrankung kann das – in Absprache mit dem Arzt – heißen, nicht sofort die schwersten Medikamente einzusetzen. Im Fall von seelischen Problemen ist nicht immer eine professionelle Therapie nötig.

Die Frage nach Gründen für das Leiden kann zu einer Stärkung der eigenen Bewältigungsstrategien führen. Die Erkenntnis, dass Schicksalsschläge und Leid auch ohne fremde oder eigene Schuld über einen kommen können, bewahrt vor Selbstüberschätzung und fördert das Mitgefühl mit anderen Leidenden, seien es Menschen,

Tiere oder die Natur. Kinder und Jugendliche, die in ihrem eigenen Leid wenig gewürdigt wurden, sind anderen und sich selbst gegenüber oft gefühllos und gewalttätig.

Die Würdigung des Leides bedeutet anzuerkennen, dass etwas über einen Menschen gekommen ist, was er sich nicht gewünscht hat. Für diesen Fall gibt es bestimmte »Sonderrechte«: Er darf weinen, schwach sein, kein Interesse zeigen, klagen und mit der Welt hadern. Schließlich bewältigtes (und nicht einfach nur »weggemachtes« oder tabuisiertes) Leid kann zu der Erfahrung führen, auch in Notsituationen nicht nur hilflos zu sein.

Frühere Generationen sprachen von »Gottes Prüfungen«. So werden wir das heute nicht mehr ohne Weiteres sagen können. Richtig aber bleibt, dass es sich nicht nur um »Lebensunfälle« handelt, sondern in gewisser Weise auch um Herausforderungen, an denen man scheitern, aber auch wachsen kann.

Tod und Sterben – Abschied(e) gestalten

Der Tod kommt im öffentlichen Leben kaum noch vor. Nur wenige Menschen sterben zu Hause oder im Kreis der Familie. Den Trauerzug durch das Dorf gibt es nicht mehr, manchmal noch nicht einmal mehr eine Trauerfeier. In vielen Fällen wird der Tote »entsorgt«. Kinder erleben Sterben und Tod meist nur noch medial vermittelt. Dort aber ist er so häufig, so selbstverständlich und so banal, dass die eigentliche, ebenso unheimliche und schreckliche wie geheimnisvolle Dimension des Todes nicht mehr erkennbar ist.

Der Tod ist unheimlich, weil er eine Atmosphäre mit sich bringt, auf die man sich nur sehr wenig vorbereiten kann. Er ist schrecklich, weil er mit einem Schlag alles verändert. Er ist geheimnisvoll, weil Dinge geschehen, die unser Verstand nur begrenzt einordnen kann.

Der Gedanke, dass der Tod den Übergang von einer Dimension in eine andere bedeutet, ist vielen Menschen fremd geworden. Die auf die rationalen und messbaren Dimensionen eingeschränkte Wirklichkeitswahrnehmung vieler Wissenschaften ist von etlichen »aufgeklärten« Menschen als Dogma anerkannt worden: »Nach dem Tod kommt nichts mehr.«

Weil der Tod nach dieser Ansicht das definitive Ende ist, wird er verdrängt, versteckt, als Mangel ärztlicher Kunst angesehen und durch intensive Lebensausbeutung kompensiert. Eine Variante dieser Verdrängung – auch wenn es auf den ersten Blick wie das Gegenteil auszusehen scheint – ist die zunehmende Tendenz, das Ende des eigenen Lebens selbst zu bestimmen. Auch wenn wir noch erst die Anfänge erleben, unsere Kinder werden später vermutlich häufiger mit diesen Ideen konfrontiert werden als wir selbst. Diese Haltung hat natürlich Konsequenzen für die Art und Weise, wie unsere Kinder über den Wert von Leben, Alter, Leid und Tod denken. Kritische Stimmen werden oft mit dem Argument der Selbstbestimmung niedergewalzt. Die soll ja auch grundsätzlich nicht in Frage gestellt werden. Doch sollte ernst genommen werden, wenn in der Suizidforschung darauf hingewiesen wird, dass Todeswünsche fast immer durch seelische Konflikte, Depressionen, Ängste, Einsamkeit und Sinnverlust entstehen.

Ob unter solchen Umständen beim Wunsch zu sterben von Selbstbestimmung die Rede sein kann, ist auch aus ärztlicher Sicht fraglich: »Wie soll der schwerkranke Mensch sein Leben gegen die Erwartung der Gesellschaft verteidigen, wenn diese ihm das Gefühl vermittelt, dass sein Leben im Zustand des Leidens keinen Wert mehr hat, und so indirekt eine vorzeitige Lebensbeendigung erwartet?«[61] Die Sterbehilfepraxis ist so gesehen häufig die Konterkarierung der so oft geforderten Werte»vermittlung«. Welche Werte aber sollen Kinder internalisieren, wenn sie vermittelt bekommen, dass alles Störende »wegzumachen« ist?

Sterben ist sozusagen der Höhepunkt eines Abschiednehmens, das uns während des ganzen Lebens im Kleinen begleitet. Während wir aber das Abschiednehmen z. B. von der Natur in Herbst und Winter mit der Hoffnung und Vorfreude auf einen Neubeginn verbinden können, ist der Tod etwas Endgültiges, vor allem für Menschen, die nicht an ein wie auch immer vorgestelltes »Leben nach dem Tod« glauben können.

Viele Eltern möchten ihren Kindern den Anblick von sterbenden Angehörigen ersparen. Das ist zwar verständlich, aber die Kinder bekommen dadurch den Eindruck vermittelt, bei Tod und Sterben handle es sich um etwas »Unanständiges«, das im Verborgenen gehalten werden muss. Oft werden Kinder, die zuvor recht unbefangen mit der pflegedürftigen Oma umgegangen sind, dadurch erst verkrampft. Die Haltung, Kinder nicht mit Hinfälligkeit, Sterben und Tod konfrontieren zu wollen, ist oft die Projektion der eigenen Hilflosigkeit und Abwehr. Es gibt aber nicht wenige Fälle, in denen Kinder ihren Möglichkeiten gemäß in die Fürsorge für Pflegebedürftige eingebunden wurden und als Konsequenz aus diesen Erfahrungen an den Grenzen des Lebens und des Machbaren Ärztin oder Krankenpfleger geworden sind. Darum ist es auch gut und wichtig, wenn Kindertagesstätten eine Art Kooperation mit Altenheimen oder Behindertenwerkstätten eingehen.

Wenn ein Mensch gestorben ist, breitet sich eine bestimmte Atmosphäre aus, ob diese nun bewusst wahrgenommen wird oder nicht: Man ist in den Bannkreis des Todes gekommen. Auf der äußeren Ebene stehen jetzt einige schnell zu erledigende Aufgaben an: Die Beerdigung muss vorbereitet, Bekannte informiert, Ämter kontaktiert werden. Man ist abgelenkt und beschäftigt. Kinder können in diese Phase sehr gut einbezogen werden, z. B. in die Auswahl der Kränze, indem man mit ihnen die Kleidung für die Beerdigung aussucht usw. Eine Kerze für den Verstorbenen kann brennen. Schließlich kann mit dem Kind überlegt werden, ob es eine »Grabbeigabe« in Form eines Bildes oder eines besonderen Blumenschmucks oder Ähnliches herstellt.

Nach der Beerdigung kommt eine sehr sensible Phase. Die Aktivitäten sind beendet, es kehrt Ruhe ein. Für viele beginnt erst jetzt der eigentliche Abschied. Immer wieder ist von Erwachsenen zu hören: »Als Vater/Mutter/Oma beerdigt war, wurde bei uns nicht mehr von ihm/ihr gesprochen.« Es gab keine Trauerzeit. Das ist besonders häufig bei Unfalltoden oder Suiziden. Hier wird außer Acht gelassen, dass die Atmosphäre des Todes sich nicht einfach verflüchtigt, sondern kontrolliert abfließen muss, d. h. es müssen Trauerprozesse möglich sein, sonst behält der Tod untergründig seine Macht, auch über Jahre hinweg, und die Toten »geistern« im wahrsten Sinne des Wortes im Leben der Angehörigen herum. Diese Prozesse sind in ihrer Art aber weder kontrollierbar noch systematisierbar, auch wenn es Stufenmodelle gibt, die idealtypisch zeigen, wie die Trauerbewältigung ablaufen kann. Wie sehr aber die Individualität jeder Trauer verkannt wird, wenn man blindlings einem Modell folgt, zeigt folgende Begebenheit:

Ein 13-jähriges Mädchen in einem Internat verliert kurz hintereinander Vater und Mutter. Die Todesnachricht hängt im Internat aus. Jeder weiß Bescheid. Nach außen hin ist das Mädchen wenig bedrückt, es lebt normal weiter, ohne Trauer erkennen zu lassen, obwohl das Verhältnis zu den Eltern gut war. Den Erziehern ist das nicht geheuer, sie warten geradezu darauf, dass das Mädchen endlich weint. Doch das geschieht nicht. Stattdessen lässt es sich von einem Erzieher die Grundlagen des Klavierspiels erklären, um danach immer wieder dieselbe Melodie zu üben. Es stellt sich heraus, dass es sich dabei um ein Lied handelt, das bei der Beerdigung der Mutter gesungen wurde. Im ständigen Wiederholen des Liedes kann die Trauer auch ohne Tränen abfließen. Manche Kinder spielen Elemente der Beerdigung nach und befreien sich dadurch aus dem Bann der Todesatmosphäre.

Wenn zu Hause ein Bild des Verstorbenen hängt oder zu seinem Geburts- oder Todestag eine Kerze brennt, wird für alle Beteiligten deutlich, dass in irgendeiner Weise die Toten noch »da« sind, ob mit oder ohne religiösen Jenseitsbezug.

Fast alle Menschen wünschen sich, dass diejenigen, die sie geliebt haben, »ihren Frieden haben mögen«. Kinder möchten wissen, ob es dem Opa im Himmel gut geht. Im Gemisch aus Abschiedsschmerz und Schuldgefühlen (»Hätte ich doch noch ...«) kann sich Frieden nur dann einstellen, wenn man die Toten geborgen weiß, wenn sie nicht mehr »herumgeistern«. Hier können der Besuch und die Pflege des Grabes den Frieden der Hinterbliebenen ebenso fördern wie ein stilles Gebet oder eine Zwiesprache mit dem Verstorbenen. Auch wer religiös »unmusikalisch« ist, darf sich z. B. von der Quantenphysik davon überzeugen lassen, dass Raum und Zeit – Vergangenheit, Gegenwart und Zukunft – nur für unseren Verstand auseinanderfallen und in Wirklichkeit gar nicht zu trennen sind. Insofern haben wir auch die Toten in irgendeiner Form immer bei uns – zu unserem Wohlergehen oder zu unserem Nachteil, d. h. abhängig davon, ob wir ihr Leben würdigen und mit ihnen versöhnt sind oder nicht.

Alles, was uns im Leben widerfährt, muss gestaltet werden, damit es auf gute Art und Weise verarbeitet werden kann. Auch der Tod. Darum ist es auch wichtig, dass Sterbefälle nicht verschwiegen werden. Die Oma ist nicht »verreist« oder »kommt bald wieder«. Auch »peinliche« Todesfälle wie durch Suizid oder Alkoholmissbrauch gehören zur Familie. Und schließlich ist es für Kinder, wenn sie danach fragen, wichtig zu wissen, dass da einmal ein Geschwisterkind war, das bei der Geburt verstorben ist.

Jeder Abschied ist ein kleiner Tod

Das Leben ist von ständigen Abschieden, Abbrüchen und Neu-
anfängen geprägt, sei es der Wechsel oder Verlust des Arbeitsplatzes,
der Eintritt ins Rentenalter, Wohnungs- oder Ortswechsel, Trennung vom Ehepartner, der Abschied, wenn das Kind in den Kindergarten geht, der Abschied vom Besuch bei der Oma, der Abschied
von der Freundin nach einem erlebnisreichen Tag... Alle diese
Ereignisse können Stressfaktoren sein. Wahrscheinlich ist jede Veränderung des gewohnten Alltags, jede transitorische Situation ein
Stressfaktor, unabhängig von allem Positiven, was sich daraus entwickelt. Für viele Kinder sind schon der Abschied vom Tag und der
Beginn der Schlafenszeit nicht ganz leicht zu bewältigen. Gerade
haben sie noch in ihrer Welt gelebt, gespielt, manches angefangen,
aber noch nicht erledigt, Spielkameraden getroffen – und nun wird
das alles mit ungewisser Fortsetzung unterbrochen. Erwachsene
können sich einen Plan für den nächsten Tag machen, kleine Kinder nicht. »Das Einschlafen schließt eine doppelte Voraussetzung
ein. Ich muss mich von den Problemen und Konflikten des zu Ende
gehenden Tages lösen können. Und ich muss mich ohne größere
Angst dem Schlaf, in dem ich alle Bewusstseinskontrolle verliere,
überlassen können. Einschlafen kann ich nur im Vertrauen darauf,
dass es gut weitergeht, mit den Schwierigkeiten des vergangenen
Tages wie mit den Bedrohungen der anbrechenden Nacht.«[62]
Darum sind Abendrituale so wichtig – als Zeichen von Kontinuität
und Sicherheit: eine Rückschau auf den Tag, eine Geschichte, die
wohltuend in den Schlaf begleitet, ein Gebet, der Kuss der Eltern...
Diese Rituale signalisieren dem Kind, dass zwar nicht alle Probleme
einfach weg sind, aber doch aufgehoben und in »guten Händen«
bei den Eltern und in einer höheren Dimension. Fallen sie aus
irgendeinem Grunde plötzlich aus, ist das Kind verunsichert, denn
sie sind gleichsam eine zweite Ebene des Alltags geworden, die
jenseits aller Veränderungen, Schmerzen, Traurigkeit und Enttäuschungen besteht und ein Kontinuum des Geborgenseins darstellt.

Wenn schon der Abschied vom Tag für viele Kinder ein »kleiner
Tod« ist, wie viel mehr dann Situationen, die härtere Einschnitte
darstellen. Der erste Tag im Kindergarten ist durchaus vergleichbar
mit dem, was Erwachsene erleben, wenn sie an einer neuen Arbeits-
stelle beginnen. Ähnlich ist es bei der Einschulung. Manche Eltern

sind der Meinung, das Kind müsse sich an die Härte und die Anforderungen des Lebens gewöhnen und dürfe nicht zu sehr verzärtelt werden. Das ist nicht ganz falsch, aber eine langsame Gewöhnung ist etwas anders als ein abrupter Wechsel. Sie geschieht schrittweise, unterstützt durch Rituale (Gottesdienste, Feiern und Begrüßungen). Viele Eltern gönnen ihren Kindern keine »Trauerphasen« mehr, kein tastendes Vordringen in den neuen, unbekannten und anfangs oft unheimlichen Bereich von Kindergarten und Schule (»unheimlich«, weil er anders strukturiert ist als das gewohnte »Heim«). Vielleicht tun sie dies deshalb nicht, weil sie sich selbst solche Zeiten und Gefühle nicht zugestehen oder unter dem Druck der Verhältnisse dazu gar nicht kommen. Die Argumentation: »Ich hab das auch alles allein geschafft« ist vielleicht als Ermutigung gemeint, kann aber auch eine Überforderung sein.

Einen besonders gravierenden Abschied stellt eine Trennung der Eltern dar. Sie wird jedoch nicht immer automatisch zu einer »Katastrophe für die armen Kinder«, wie manchmal zu hören ist. Es muss auch Trennungen geben, und bisweilen ist das Zusammenbleiben die größere Katastrophe. Aber auch hier greifen die Gesetze, denen alle Trennungen und Abschiede unterliegen: Eine Situation muss eindeutig beendet (die Gestalt geschlossen) werden, Gefühle des Zorns, der Trauer und der Enttäuschung wollen geäußert werden. Dann aber sollte in irgendeiner Weise und nach einer gewissen Zeit die Versöhnung mit der Vergangenheit geschehen. Getrennte Partner müssen nicht unbedingt freundschaftlich miteinander umgehen, aber um der Kinder willen sollten sie Achtung voreinander entwickeln. Ein respektvoller Umgang mit Trennungen kann dem Kind helfen, Abschiede und Abbrüche nicht nur unter dem Gesichtspunkt des absoluten Verlustes zu sehen, sondern auch als Beendigung eines in sich wertvollen Lebensabschnittes, der zu würdigen ist und nun zu einem (möglicherweise aufregenden) Neubeginn führt.

Ängste bewältigen

Vieles Neue und Unbekannte löst bei Kindern Ängste aus. Sie haben noch keine Bewältigungsmuster entwickeln können, aus der Geborgenheit herauszutreten. Ängstigen kann die Nacht, der Keller, der Dachboden, ein Gewitter, ein unbekanntes Geräusch. Wenn die Kinder älter werden, bleiben ihnen die Nachrichten über Terror, Krieg, Naturkatastrophen usw. nicht erspart. Und all diese Nachrichten bedeuten unterschwellig: »Bin ich auch bedroht? Wer oder was schützt mich? Warum lässt Gott das zu?« Manche Ängste können rational aufgelöst werden: »Wir zeigen dir, dass du dich nicht vor dem Keller fürchten musst. Wir leben dir vor, was man tun kann.« Aber damit sind nicht alle Fragen gelöst, weil Ängste nicht berechenbar sind. Oft lähmen sie einen Menschen: »Ich bin hilflos, ich weiß nicht, was ich tun soll, ich bin nicht mehr Herr über mich selbst, andere Mächte bestimmen über mich.« Angstbewältigung geschieht daher nicht in erster Linie durch Erklären, sondern durch die Suche nach Möglichkeiten, aus dem Einflussbereich der Angst in den des Vertrauens zu gelangen. Man kann der Meinung sein, Angst spiele sich in erster Linie im Kopf ab. Es ist aber auch vorstellbar, dass sie als Atmosphäre wahrgenommen wird, die einen umgibt. Dadurch baut sich eine negative Energie auf, von der man bestimmt wird. Und wieder geht es also darum, wie die Angst abfließen und Zuversicht einfließen kann.

Abfließen kann die Angst nur dann, wenn sie zuvor ernst genommen wurde. Der Satz: »Davor brauchst du keine Angst zu haben«, ist wenig hilfreich, weil er unterstellt, Angst ließe sich willentlich steuern. Um etwas entmachten zu können, muss es vorher konkretisiert werden. Also könnte man z. B. fragen: »Wo sitzt die Angst, in der Brust oder im Kopf? Welche Gestalt hat sie, welche Farbe? Was macht sie mit dir?« Indem die Angst Konturen gewinnt und in gewisser Weise personalisiert oder versachlicht wird, ist sie (be)greifbar und verliert dadurch schon einen Teil ihrer Macht. Durch die Versachlichung wird sie um den Anteil des Nicht-Fassbaren gebracht. Durch kleine Rituale (z. B. die Angst malen und das Bild verbrennen) wird das Angstgefühl unterbrochen und Raum geschaffen, um an ihrer Stelle positive Bilder und Gefühle entstehen zu lassen. Wenn das Negative erst einmal gebannt ist, können Kinder meist selbst positive Gegenbilder entwickeln.

Leid und die Frage nach dem Sinn

Wir wissen nicht immer, warum etwas Schlimmes geschieht. (Wir wissen aber auch nicht, warum so viel Gutes geschieht!). Man kann und darf mit dem Schicksal hadern, man kann daran zerbrechen, man darf Gott anklagen. Man kann aber auch versuchen, sich dem Unabwendbaren zu stellen, um dann zum einen zu erkennen, dass nicht, wie so oft suggeriert wird, alles machbar ist, und zum anderen, dass die scheinbar negativen Erlebnisse einen »Mehrwert« haben, dass sie Möglichkeiten und Geheimnisse bergen, die sich nicht sofort, sondern oft erst nach und nach enthüllen.

Anders sieht es mit Bedrohungen aus, die das Kind vielleicht nicht unmittelbar selbst tangieren, die es aber über die Medien mitbekommt. Warum lässt Gott Grausamkeit, Krieg, Hunger und sonstiges Elend zu? Ist man doch nicht jederzeit »von guten Mächten wunderbar geborgen« (Dietrich Bonhoeffer)? Der Umgang mit diesen Fragen entscheidet oft über das weitere Verhältnis des Kindes zur Spiritualität und zum Glauben. Es gibt Menschen, die angesichts des unverschuldeten Leidens ihren Glauben verloren bzw. ihren Nichtglauben bestätigt bekommen haben, aber es gibt auch Menschen, die dadurch ihren Glauben erst gefunden haben. Hier zeigt sich auch die Fragwürdigkeit des Ausdrucks »der liebe Gott«. Gott ist nicht lieb nach menschlichen Maßstäben. Er ist der Heilige, der Unerforschliche, der, dessen Wesen der Mensch nie ganz erfassen kann. Sonst wäre er nicht Gott, der Grund des Seins, die Urmacht, die hinter allem steht, oder wie immer man ihn umschreiben will. Einerseits werden wir uns also eingestehen müssen, nicht zu wissen, warum manches existentielle Leid und unerklärbare Böse in der Welt ist. Wir müssen uns aber auch eingestehen, nicht zu wissen, warum es uns überhaupt gibt und warum wir auch so viel Gutes erfahren.

Als Beispiel für eine mögliche Herangehensweise an die Sinnproblematik diene eine biblische Geschichte (Johannes 9,1–3): »Und Jesus ging vorüber und sah einen Menschen, der blind geboren war. Und seine Jünger fragten ihn und sprachen: Meister, wer hat gesündigt, dieser oder seine Eltern, dass er blind geboren ist. Jesus antwortete: Es hat weder dieser gesündigt noch seine Eltern, sondern es sollen die Werke Gottes an ihm offenbar werden.«

Hier ist also der normale Zusammenhang »Wenn ich Schlechtes tue, hat dies schlechte Folgen« unterbrochen und auf eine andere Ebene gebracht: Die Werke Gottes sollen offenbar werden. Wie diese Werke aussehen und wie sie offenbar werden, bleibt offen. Das bedeutet, es gibt auf die Frage nach dem Sinn von existentiellem Leid keine rationale Antwort, sondern nur eine spirituelle. Und das auch nur in erster Linie für die Betroffenen, man kann diese Frage nicht für andere beantworten. Es gibt viele Beispiele dafür, wie Menschen sich nach dem Erleben und Überleben von Katastrophen geändert und ihre Kraft und ihren Lebensinhalt auf ein anderes Ziel hin ausgerichtet haben.

Für die kindlichen Fragen bedeutet das, zwar einerseits einzugestehen, keine rationale Antwort zu wissen, andererseits aber nicht vor dem Unerklärbaren zu kapitulieren, sondern es als ein Geheimnis des Lebens stehen zu lassen, das zwar grausam ist, aber das Vertrauen in die Güte des Lebens nicht zerstören muss. An dieser Stelle eine Bemerkung: Es wird oft darauf hingewiesen, Erziehende sollten den Mut haben zuzugeben, dass sie bestimmte Dinge, die in der Bibel stehen oder nach denen sie von ihren Kindern gefragt werden, weder wissen noch erklären können. Wenn diese Haltung als Befreiung davon gedacht ist, auf alles eine Antwort wissen zu müssen, oder als Weigerung, Kinder mit Behauptungen zu indoktrinieren, ist sie einerseits zu begrüßen. Andererseits sollte dieses Eingestehen von Nichtwissen immer in ein gemeinsames Weiterfragen einmünden. Nichtwissen sollte nicht gleichgesetzt werden mit »Das ist nicht wirklich wichtig«. Eine Möglichkeit zu reagieren könnte darin bestehen zu sagen: »Ich weiß auch nicht, warum es diese Leiden gibt, aber wir können versuchen, es gemeinsam auszuhalten, wenn wir miteinander ein Gebet für die Verunglückten sprechen.«

Wir erleben es selbst immer wieder, dass uns Schreckensmeldungen, auch wenn sie uns nicht direkt betreffen, »mitnehmen«. Wohin nehmen sie uns mit? In der Regel in den Bereich der Verunsicherung, des Besorgtseins, aber auch des Mitgefühls und manchmal auch der Dankbarkeit für die Unversehrtheit des eigenen Lebens. Wenn wir davon ausgehen, dass all das zu den »Werken Gottes« gehört, kommt es, auf unsere Kinder bezogen, wiederum darauf an, sie an diesen Werken teilhaben zu lassen. Ähnlich wie bei den Ängsten, auf die oben bereits eingegangen wurde, geht es darum zu konkretisieren, was das Erschrecken mit ihnen macht, um es dann wieder ab- und einfließen zu lassen: z. B. in ein Gebet für die Opfer, den Dank für das eigene Leben, eine Spende für die Überlebenden oder Ähnliches. Wir können und dürfen unseren Kindern nicht jedes Erschrecken ersparen. Ungerechtigkeit, Unerklärbares lassen sich nicht immer auflösen. Nicht alles bekommt man in den Griff. Das mag enttäuschend und kränkend sein, es öffnet aber auch den Blick für die Not und fördert das Mitgefühl und die Anteilnahme statt eines resignierten oder zynischen »Da ist eben nichts zu machen«. Es sensibilisiert für das unverdiente Glück des eigenen Lebens, ermöglicht Dankbarkeit und öffnet die Sinne für die Erfahrung, dass es in der Tat oft Ereignisse im Leben gibt, die man nicht abwenden, aber die man, manchmal mit Hilfe anderer, gestalten kann.

Abschiede, Trennungen, Leid, Schmerz, Tod – alles, wovon in diesem Kapitel die Rede war: Wir wünschen es uns nicht. Und doch ist es eine Binsenweisheit, dass niemand davon verschont bleibt. Es scheint in die Dynamik des Lebens eingezeichnet zu sein, und es gehört zu den Entwicklungsaufgaben, den Umgang damit zu lernen.

Weiterführende Fragen

- Fragen Ihre Kinder nach dem Sinn von Leid? Welche Antworten können Sie ihnen geben?
- Haben Sie oder Ihr Kind schon einmal einen Toten gesehen?
- Würden Sie Ihr Kind zur Beerdigung eines nahen Verwandten mitnehmen? Wenn ja, warum? Warum nicht? Wie würden Sie das mit dem Kind vorbereiten?
- Kennen Sie jemanden näher, dessen Kind gestorben ist? Welche Gedanken und Gefühle sind Ihnen in dieser Situation gekommen?
- Erinnern Sie sich an Abschiede in Ihrem Leben, die heute noch mit starken Emotionen verbunden sind?
- Wie verhalten Sie sich heute bei Abschieden, die Ihr Kind und Sie betreffen?
- Glauben Sie oder haben Sie die Erfahrung gemacht, dass Leid sinnvoll sein kann?

- Welche Krise haben Sie bewältigt und im Nachhinein als sinnvoll empfunden?
- Was hat Ihnen bei der Bewältigung geholfen?
- Wie trösten Sie Ihre Kinder, wenn diese traurig sind oder Kummer haben?
- Wann haben Sie besondere Angst um Ihr Kind?
- Wie zeigen Sie ihm das und wodurch könnte die Angst gemildert werden?
- Wann hatten Sie zuletzt das Gefühl, Fehler zu machen? Welche Gefühle hatten Sie dabei? Konnten Sie sich entschuldigen?
- Welche Krise in Ihrem Leben hat Sie aus der Bahn geworfen? Was hat sich dadurch für Sie verändert?
- Welche Abschiedsrituale gibt es bei Ihnen? Reichen die Umarmung, der Kuss zum Abschied aus? Winken Sie so lange hinterher, bis die Menschen, die Sie verabschieden, aus Ihrem Blickfeld verschwunden sind? Hat Ihnen jemand in dieser Weise hinterher gewinkt? Was haben Sie dabei gefühlt? Was fühlen Sie, wenn Sie sich daran erinnern?
- Gibt es einen Talisman, einen Schutzengel, den Sie Ihren Kindern, Ihrer Partnerin / Ihrem Partner für längere Reisen oder Übergänge mitgeben? Haben Sie selbst solche Schutzobjekte von anderen Menschen bekommen? Was bedeuten sie Ihnen? In welchen Situationen holen Sie sie hervor? Welche Abschiedsgesten kennen Sie selbst aus Ihrem Familien- oder Freundeskreis? Was davon ist Ihnen besonders wichtig?

Teil 3
Spiritualität im Alltag

Auswirkungen von Spiritualität auf den Alltag

Nach unseren Erkundungen einer Alltagsspiritualität in verschiedenen Lebenssituationen möchten wir weitere Aspekte zum Verständnis von Spiritualität darlegen, zum einen um zu zeigen, welche Auswirkungen eine spirituell ausgerichtete Lebensweise haben kann, und zum anderen, um ein wenig Lust auf sie zu machen.

Spiritualität eröffnet Bereiche, die wir im Folgenden bezeichnen als:

- Befreiung
- Klarheit
- Wachstum
- Kraft
- Gelassenheit.

Spiritualität befreit

Wir unterliegen in unserem Leben und Alltag vielerlei Zwängen und Pflichten, denen wir uns nicht oder nur gelegentlich entziehen können. Der Beruf, der für viele mit einem immer größer werdenden Druck verbunden ist, gehört dazu. Die Familie will versorgt, Freundschaften wollen gepflegt werden. Wir sind aber auch gezwungen, Nahrung aufzunehmen und zu schlafen. Auch persönliche, gesundheitliche oder sonstige Probleme lassen sich nicht ewig aufschieben. Für all das gibt es natürlich nicht eine Befreiung im Sinne von »Darum muss ich mich jetzt nie mehr kümmern«. Es gibt aber, auch wenn es paradox klingt, eine Freiheit in der Nicht-Freiheit. Eine Form von Freiheit ist es, bewusst dem zuzustimmen, was schwer zu ändern ist: »Ich kann, weil ich will, was ich muss.«

Auf diese Weise kann ich beginnen, meine Spielräume im Leben zu erweitern. Im Laufe der Zeit wird die Abhängigkeit von der Meinung anderer oder der Medien zurücktreten. Wenn man noch in Kontakt zu einer anderen Wirklichkeit steht, relativiert sich die vorfindliche. Es gibt z. B. die Befreiung aus der Macht der Meinungen und Bilder – sowohl der Bilder, die ich über mich und andere habe, als auch derjenigen, die andere über mich haben. An die Stelle dieser Bilder treten andere, realistischere und befreiendere; eine verschärfte Wahrnehmung stellt sich ein. Das darf nicht verwechselt werden mit einem sogenannten Positiven Denken, bei dem es nur darum geht, etwas nicht wahrhaben zu wollen. Auf diese Weise ändert sich aber nichts, sondern es wird höchstens verdrängt.

Spirituell zu leben befreit davon, dass etwas so sein und bleiben muss wie immer. Um es ganz konkret zu machen: Es kann auch eine Befreiung sein, einmal in der Woche zu fasten oder ein bestimmtes Fernsehprogramm nicht zu sehen. Schließlich kann spirituelles Leben auch dazu führen, sich aus kirchlichen oder konfessionellen Grenzen, Zwängen und Bevormundungen zu befreien. Es gibt immer mehr Menschen, die von der Kirche enttäuscht sind, weniger wegen deren Fehler und Verfehlungen in Vergangenheit und Gegenwart, sondern eher, weil ihre spirituellen Bedürfnisse dort nicht befriedigt werden oder weil ihre eigenen religiösen Erfahrungen nicht ernstgenommen und an kirchlichen Vorgaben gemessen werden. In manchen kirchlichen Kreisen dürfen bestimmte Erfahrungen oder Praktiken nicht gemacht werden bzw. sind den Amtsträgern vorbehalten. Häufig sind Eltern erstaunt, wenn sie hören, dass sie ihre Kinder segnen dürfen und es sogar sollen. Doch die Wirklichkeit der höheren Dimension, die Wirklichkeit Gottes, ist sicher nicht auf verfasste Amtskirchen beschränkt.

Spiritualität verhilft in jeder Hinsicht zu mehr Souveränität. Sie befreit nicht zuletzt von der Annahme, alles selbst tun zu müssen, und schafft so Raum für die nicht immer leichte Lebensaufgabe, Unplanbares und Nicht-Machbares zu akzeptieren und es sogar als Gewinn anzusehen. Die ganze Fülle der Wirklichkeit ist oft nur in Paradoxien auszudrücken. Das ist manchmal schwer auszuhalten, weil wir entweder etwas schwarz oder weiß haben möchten oder die Eindeutigkeit von richtig und falsch. Aber so ist das Leben nicht, und dies zu erkennen, auszuhalten und als Gewinn zu betrachten, ist auch eine Folge spirituellen Lebens.

Spiritualität schafft Klarheit

Es gibt Menschen, die einerseits gerne ihr Leben planen, andererseits aber vieles bewusst im Unklaren lassen, damit es nicht zu Konflikten kommt oder sie sich nicht festlegen müssen. So werden manchmal Auseinandersetzungen lieber vermieden, z. B. wenn Kinder ohne Grund nicht zur vereinbarten Zeit zu Hause sind. Es spart (scheinbar) Nerven, wenn man selbst die Dinge in die Hand nimmt, etwa das Aufräumen, obwohl dies eigentlich die Aufgabe der Kinder wäre. Es erzeugt (eine trügerische) Sicherheit, wenn die offenkundigen Ehe- und Erziehungsprobleme nicht angesprochen werden. Der Preis dafür ist meist hoch, weil untergründig etwas weiterwirkt, was nur schwer zu fassen ist – vielleicht ist es eine Mischung aus Unzufriedenheit, Angst und Schwäche. Das kann sich bis zur Lebenslüge ausweiten, bei der sich und anderen etwas vorgespielt wird, was real nicht existiert. In Unklarheit zu leben, schwächt auf Dauer die psychischen und körperlichen Regulationsmechanismen – mit den entsprechenden Auswirkungen.

Wie schafft Spiritualität Klarheit? Sie tut es, indem sie dem Leben eine Struktur gibt. Struktur ist das Gegenteil von Unklarheit. Diese Struktur entsteht nicht durch Appelle und gute Vorsätze, sondern ist gleichsam die automatische Folge spirituellen Lebens. Die Kraft, die man für ein Leben in Klarheit benötigt, wird sozusagen frei Haus geliefert. Dadurch wird es möglich, Entscheidungen zu treffen, mit Fehlschlägen zu leben und die Kräfte auf das hin zu bündeln, was gerade ansteht. Wenn dann doch, wie es ja oft unumgänglich ist, Kompromisse geschlossen werden müssen, wenn ein bestimmtes Thema zurzeit nicht besprochen werden kann, geschieht das nicht aus Angst, sondern aus einer bewussten Entscheidung heraus.

Klarheit verhilft zu einem eigenen, selbstbewussten Standpunkt und ermöglicht es, respektvoll auf den anderer zu hören. Klarheit bedeutet, für das einzustehen, was ich will, die Schwierigkeiten zu sehen, sie nicht zu verdrängen, sondern mich ihnen zu stellen. Es gibt viele Menschen, die Probleme haben, Ja zu sagen, wenn sie etwas wollen, und Nein zu sagen, wenn sie es nicht wollen. In solchen Situationen kann Klarheit ihre Kraft entfalten und selbstbestimmte Entscheidungen ermöglichen. Wer in Klarheit lebt, kann auch für das einstehen und das durchsetzen, was ihm wichtig ist.

Spiritualität fördert Wachstum

Wachstum kann unter unterschiedlichen Gesichtspunkten betrachtet werden. Für die gegenwärtige Wirtschaftsform scheint es ausgemacht, dass nur stetiges Wachstum Wohlstand sichert. Gleichzeitig sind die Grenzen und Risiken einer solchen Einstellung nicht mehr zu übersehen. Spirituelles Wachstum aber bedeutet nicht ein Immer-Mehr im quantitativen, sondern im qualitativen Sinne. Diese Art Wachstum fördert Erkenntnisprozesse, die der persönlichen Weiterentwicklung und Lebensgestaltung dienen. Das Leben stellt uns die Aufgabe, die eigenen Potentiale und die anderer zu pflegen und zur Entfaltung zu bringen, ohne eine vorgefasste Meinung darüber zu haben, was für andere gut oder richtig ist. Man kann an Aufgaben und am Leben überhaupt scheitern, aber auch wachsen.

Ein großer Sprung in diesem Wachstum ist z. B. dann getan, wenn wir erkennen können, dass wir und unsere Kinder viele Fehler machen können, aber letztlich nichts falsch. Dieser paradoxe Satz ergibt nur dann Sinn, wenn man versteht, dass vermeintliche Fehler je nach den Konsequenzen, die man aus ihnen zieht, eine wichtige Entwicklungsaufgabe darstellen. Um das zu erkennen und eine heilsame Distanz zu solchen Fehlern zu gewinnen, bedarf es einer »Anbindung« an etwas, das größer ist als wir selbst. Alles braucht zum Wachsen eine Anbindung, der Same den Boden und die Sonne, der Körper die Nahrung und die Luft, und die Seele braucht eben auch etwas, sonst verhungert sie. Dieser Rückbezug existiert meist schon, ohne dass wir uns darüber Gedanken machen: die Liebe, die Zuwendung, die Freude, das Glück, die Sinnhaftigkeit der Lebensgestaltung. Diese müssen wiederum genährt werden, damit sie sich vergrößern und entfalten können.

Spiritualität bewirkt Gelassenheit

In gewisser Weise ist Gelassenheit etwas Ähnliches wie das, was Jugendliche als »Coolness« bezeichnen, allerdings nicht in der Bedeutung, sich möglichst unbeeindruckt und über den Dingen stehend zu geben. Vielmehr ist es eine aus dem Inneren kommende Haltung, die den freudigen und traurigen Ereignissen nicht gleichgültig gegenübersteht, aber in gewisser Weise gleichmütig. Das kann z. B. bedeuten, sich von Trauer und Scheitern oder angesichts von Problemen nicht total in deren Bann ziehen zu lassen, sondern handlungsfähig zu bleiben. Aber auch vor Freude oder Glück kann man »besinnungslos« werden und entsprechend konfus handeln. Besonnen zu bleiben, kann negative Gefühle relativieren und positive intensivieren. Durch Gelassenheit werden Klarheit und Befreiung spürbar, umgekehrt befördert die Klarheit auch die Gelassenheit.

Gelassenheit kann nicht gespielt werden. Früher oder später wird sie dann unter der Last des Lebens zusammenbrechen. Sie ist nur zu erreichen, oder besser: Sie wird dann »angereicht«, wenn ich auf Kräfte vertraue, die ich nicht beherrsche, die mir aber dann zur Verfügung stehen, wenn ich sie brauche. Es ist das Urvertrauen, mit dem wir zur Welt kommen: das Vertrauen darin, dass für uns gesorgt wird, durch die Eltern, durch das Leben selbst. Gelassenheit ist die Folge des Vertrauens darauf, dass Gott, der Kosmos oder das Leben Lösungen für alles bereithält, was uns überfordert – wenn wir denn darauf vertrauen können, dass sich diese Lösungen zur rechten Zeit zeigen werden.

Es ist dann geradezu so, als seien »unsichtbare Helfer« und Beistände um uns herum, die uns unterstützen. Viele Menschen, die diese Erfahrungen des Urvertrauens nicht machen konnten, misstrauen dem Leben, anderen Menschen und nicht zuletzt sich selbst. Vertrauen baut sich auf und verstärkt sich, indem an einer Stelle des Lebens auf das Misstrauen verzichtet und der Sprung in das Vertrauen gewagt wird. Hierzu müssen allerdings verlässliche Menschen und beständige und angstfreie Begegnungs- und Erfahrungsräume zu Verfügung stehen, die es ermöglichen, diesen Sprung zu wagen.

Eine Begleiterscheinung der Gelassenheit ist die Nachsicht sich selbst und anderen gegenüber, das Verzeihen-Können und der Verzicht auf ständige Rückblicke in eine Vergangenheit, die sich nicht mehr ändern lässt. Diese Nachsicht ist etwas anderes als das Nichtwahrhaben-Wollen, sie legt uns nicht fest auf geschehene Dinge und rechnet damit, dass sich neue Möglichkeiten und Lösungen zeigen und Versöhnungen möglich sind.

Mit Gelassenheit muss der Blick in eine unsichere Zukunft nicht nur angstbesetzt sein, sondern man kann auch ohne Sicherheitsgarantien darauf vertrauen, dass sich etwas entwickeln wird, was letztlich förderlich ist. Spirituell lebende Menschen machen immer wieder die Erfahrung, dass Gegebenheiten, mit denen sie gelassen umgehen, sich auf eine positive Weise entwickeln, die sie sich nie hätten ausmalen können.

Spiritualität erfüllt mit Kraft

Über physikalische Kräfte sind wir gut informiert. Über die seelischen Kräfte wissen wir schon weniger. Zwar haben wir alle schon erlebt, dass unsere Seele oder Psyche kraftlos sein kann, weil wir täglich den unterschiedlichsten Kraftfeldern, Einflüssen und Machtbereichen ausgesetzt sind. Das nehmen wir allerdings eher unterschwellig wahr. Wenn uns etwas kraftlos gemacht hat, waren wir in diesem Moment – körperlich oder seelisch – einer uns beanspruchenden Kraft nicht gewachsen; sie war stärker. Menschen, Dinge oder Situationen können uns mit Kraft erfüllen oder sie uns nehmen. Wenn Menschen unsere Kraft rauben, sind ihr Einfluss und ihre Macht größer als unsere Abwehrkraft und unsere Ressourcen. Es gibt Ereignisse, die uns körperlich schwächen, andere eher seelisch. Beides unterliegt ähnlichen energetischen Wirkfaktoren.

Wenn jemand Problemen und Auseinandersetzungen grundsätzlich aus dem Wege geht, geradezu harmoniesüchtig ist, hat das nicht unbedingt damit zu tun, dass er einen besonders friedfertigen Charakter hätte. Es kann ganz schlicht bedeuten, dass die Kräfte fehlen, etwas durchzuhalten. Spirituell zu sein bedeutet aber nicht Frieden und Harmonie um jeden Preis! Manchmal muss die Auseinandersetzung um der Sache oder der Person willen geradezu gesucht werden. Das ist z.B. dann wichtig, wenn es um die Frage geht, ob unsere Kinder sich »wehren« sollen, wenn sie verbal oder tätlich angegriffen werden (manchmal von den eigenen Eltern), und mit welchen Mitteln das geschehen soll. Vielleicht ist es mit ein Grund, warum das altehrwürdige Wort »fromm« in Misskredit geraten ist, weil es oft mit sanftmütig, unauffällig und irgendwie nicht ganz von dieser Welt seiend assoziiert wird. Aber auch Christus war nicht nur sanftmütig.

Spiritualität vermittelt ungeahnte Kräfte in den Momenten, wo Menschen bereit sind, sich weder von ihren Mängeln und Schwächen noch von einer aufgesetzten und gespielten Stärke leiten zu lassen. Oft fragt man sich dann hinterher: Wie habe ich das überhaupt geschafft, wo kamen diese Kräfte her?

Das Gefühl, in göttlichen oder kosmischen Kräften aufgehoben zu sein, fördert die Geduld, die für lange (Durst-)Strecken nötig ist. Das kann auch von denjenigen erlebt werden, die nicht an die biblischen Tradition gebunden, aber sich bewusst sind, dass gegen unsere offenkundige Ohnmacht nur eine spirituelle Gegenmacht ankommen kann.

Kleine spirituelle Praxis

Wir haben bisher Formen von Spiritualität im Alltag dargestellt, die weitgehend auch für nicht kirchlich und religiös Gebundene nachvollziehbar sind. Zum Schluss möchten wir nun den Schatz der jahrhundertealten christlichen Tradition noch etwas genauer anschauen. Weil wir in unserem Kulturkreis mit dieser Tradition immer wieder in Berührung kommen (z. B. läuten die Kirchenglocken, Kirchtürme sind überall sichtbar, viele Kunstwerke sind ohne Kenntnis biblischer Inhalte gar nicht zu verstehen), ergeben sich vielfältige Möglichkeiten, sich darin einzubinden oder sie als Vorbild für eine eigene spirituelle Praxis zu nehmen.

Elemente einer Alltagsspiritualität

Eine Alltagsspiritualität, wie wir sie dargestellt haben, wird auf Dauer den eigenen Gefühls- und Erlebensbereich verändern und erweitern und so zu Gelassenheit, Klarheit, Vertrauen ins Leben und Hoffnung beitragen. Wer zusätzlich in seinen Tagesablauf bestimmte Zeiten und Übungen einbaut, kann darüber hinaus noch intensivere Erfahrungen machen.

Woran denken wir? Zunächst ist es wichtig, sich für einen bestimmten Weg zu entscheiden und ihn beizubehalten. Gerade die Wiederholung bestimmter Handlungen und Rituale lässt diese in Fleisch und Blut übergehen und in die Seele eingehen, sodass sich ihre Wirkung entfaltet. Wir möchten keinen bestimmten Weg empfehlen, weil nicht jeder für jeden Menschen geeignet ist. Neben der Beibehaltung eines einmal eingeschlagenen Weges ist die Regelmäßigkeit ein wichtiger Faktor. Die Wiederholung schafft eine Struktur der Sicherheit, aus der heraus alles Weitere entsteht.

Gebet
Eine spirituelle »Übung«, die immer noch von vielen Menschen mehr oder weniger regelmäßig ausgeübt wird, ist das Gebet. Es

kommt in allen Religionen vor. Inhalte solcher Gebete können sein: Dank für etwas, Bitte um etwas, Fürbitte für andere, Klage an Gott oder seine Rühmung oder das sogenannte »Stoßgebet«. Ein Morgengebet, in dem man z. B. um den Beistand eines Engels bittet (wie Martin Luther: »Dein Heiliger Engel sei mit mir, dass der böse Feind keine Macht an mir finde«) kann den Kopf und das Gemüt klarhalten, wenn man im Laufe des Tages mit unangenehmen Dingen oder schwierigen Menschen konfrontiert wird. Das Tischgebet hat positive Auswirkungen auf das Essen und seine Bekömmlichkeit, weil es die Nahrungsaufnahme mit Gedanken der Dankbarkeit verbindet; das Abendgebet übergibt ungeklärte Pro-bleme des Tages an eine höhere Instanz, so dass man irgendwann auch »abschalten« kann.

In einer jüdischen Frömmigkeitstradition wird innerlich für alles gedankt, was im Laufe des Tages geschieht (für das Wetter, die eigene Wohnung, den Partner, die Wärme, bis hin zur Verdauung). Dadurch tritt eine Verlangsamung der Tätigkeiten ein, was zu größerer Achtsamkeit und Wahrnehmungsfähigkeit verhilft. In einem selbstformulierten Gebet können individuelle Wünsche, Bitten und Dank zur Sprache gebracht werden, aber auch schon bestehende Gebete, etwa die Psalmen, können durch ihre Wiederholbarkeit eine große Hilfe sein und uns darüber hinaus eine Sprache leihen, die wir im Moment nicht zur Verfügung haben.

Meditation

Die Meditation unterscheidet sich vom Gebet dadurch, dass bei ihr in der Regel kein Gegenüber angesprochen wird. Es lässt sich gegenstandslos oder über ein bestimmtes Thema meditieren. Viele Wirkungen der Meditation ähneln dem Gebet und sind darum eine gute Alternative für Menschen, die mit der Personalisierung Gottes Probleme haben. Die Wirkung der Meditation wird – unabhängig von ihrem Inhalt – verstärkt, wenn sie regelmäßig durchgeführt wird.

Imagination

Als sehr wirksam zum Erreichen bestimmter Absichten oder eines ausgeglichenen emotionalen Zustands haben sich auch die Techniken der Imagination oder Visualisierung erwiesen. Hierbei wird etwas in der »Ein-bildung« wahrgenommen, gesehen, gehört, gespürt, was sich in der »Wirklichkeit« manifestieren soll. Kinder finden in der Regel großen Gefallen daran, sich auf Fantasiereisen zu begeben. Es ist erstaunlich, welche Veränderungen – beispielsweise die Befreiung von Ängsten – dadurch stattfinden können. In solchen Imaginationen können auch hilfreiche Begleiter in Form von Engeln, Heiligen, Krafttieren usw. visualisiert werden, die einen beschützen und in schwierigen Situationen begleiten können.

Energetische Übungen

Praktisch alle spirituellen Traditionen gehen davon aus, dass neben Seele und Geist auch der Körper einbezogen werden muss. Hierzu gibt es eine Fülle von (bio-)energetischen Übungen, die den Körper und all seine Funktionen, wie z. B. die Atmung, mit in die heilsamen göttlichen Kräfte einbinden. Da auf diesem Gebiet die christliche Überlieferung etwas verarmt ist, kann man bestimmte Formen des Yoga, Feldenkrais-Übungen oder etwa Chi Gong, aber durchaus auch Judo und andere Kampfsportarten integrieren. Sie haben u. a. den Sinn, die geistigen und körperlichen Kräfte so zu zentrieren, dass außergewöhnliche Leistungen möglich werden.

Liturgie

In der Liturgie (Gottesdienstordnung), besonders der katholischen und orthodoxen Kirche, gibt es noch einige körperbezogene Elemente, z. B. wenn man beim Betreten der Kirche mit Weihwasser das Kreuz über sich zeichnet: Das Kreuz ist u. a. ein wirksames Schutzsymbol. Auch wenn wir es nicht mehr verstehen, unser Körper »versteht« es, gerade wenn es so sensible Bereiche wie Kopf und Herz tangiert.

Wenn wir während der Messe niederknien, ist das ein Zeichen der Demut und Dankbarkeit angesichts der Fülle des Lebens, die wir nicht »verdient« haben. Weil wir uns vor einer höheren Macht beugen, müssen wir vor keinem Menschen niederknien, buckeln oder ihn »anbeten«. Für Kinder ist es nicht unwichtig zu erleben, dass vor dieser Macht auch ihre »allmächtigen« Eltern niederfallen und mit ihnen »auf einer Stufe« sind. Das Pendant dazu ist das Stehen. Hier sind wir mit den Kräften des Himmels und der Erde in harmonischer Beziehung: Mit der Erde, die uns Kraft gibt, aber auch vor Aufgaben stellt, sind wir verwurzelt, der Himmel mit seinen Zuversicht und Stärke gebenden Energien beflügelt uns. Im

Abendmahl bzw. der Eucharistie findet dann noch eine besondere Form der Verleiblichung der Kraft und Gegenwart Christi statt.

Musik, Singen, Bilder und Kunstwerke

Weitere Elemente, die in allen Gottesdiensten vorkommen, aber auch in Familien oder Kitas eingesetzt werden können, sind Musik, Singen, Bilder und Kunstwerke.

Die Musik reinigt von banalen und ärgerlichen Worten des Alltags und eröffnet einen neuen Klang- und Hörraum. Natürlich ist dazu nicht jede Art von Musik geeignet, sondern nur solche, die wohltuende Wirkung auf uns hat. Das kann individuell sehr unterschiedlich sein, wobei auch zwischen ästhetisch und energetisch zu unterscheiden ist: Es gibt künstlerisch sehr anspruchsvolle Musik, die aber nicht das Herz des Hörers oder der Zuhörerin findet, und umgekehrt ästhetisch eher zweifelhafte Produkte, die einen Menschen im Inneren tief berühren und verändern können. Das Gleiche gilt auch für Kunstwerke.

Das Singen regt nicht nur den Kreislauf an und stärkt die Lunge, damit wir einen »langen Atem« bekommen, sondern erfüllt auch Leib und Seele mit wohltuenden Worten und Tönen und lässt jenseits aller sozialen und kulturellen Unterschiede Gemeinschaft entstehen.

Bilder und Kunstwerke geben unseren Augen Gelegenheit, sich von hässlichen Eindrücken zu erholen und einen klaren Blick zu bekommen.

Gemeinschaft

Die Gemeinschaft mit anderen Menschen stärkt unser Zugehörigkeitsgefühl. Etwas gemeinsam zu vollziehen ist etwas anderes, als es zu erklären. Sorgfältig vollzogene Rituale sprechen durch sich selbst und bedürfen nicht unbedingt langer Erklärungen. Sie werden im Vollzug wirksam.

Rituale

Für Kinder haben Rituale den Vorteil, dass sie ihnen ermöglichen, sich wortlos in etwas zu bergen, von dem sie spüren, dass es ihnen gut tut. Durch sie werden die Kinder auf unaufdringliche Weise mit dem Geheimnischarakter des Lebens in Beziehung gebracht und können die entsprechende Ehrfurcht davor lernen.

Es sind prägende Erfahrungen, wenn Eltern oder andere Personen mit ihrem Kind bei einem Problem eine Kerze anzünden und es damit in eine andere Dimension heben, oder wenn sie einen Wunsch in ein Buch schreiben, das in der Kirche ausliegt und, in dem viele andere auch ihr Anliegen vermerkt haben. Und welchen Eindruck hinterlässt es wohl bei einem Kind, wenn es sieht, dass auch der Vater, der aus kindlicher Sicht alles weiß und kann, und die starke und manchmal strenge Mutter bei bestimmten Gelegenheiten eine höhere Instanz anrufen?

Immer häufiger wird in Gottesdiensten auch das Tanzen praktiziert. Der Tanz koordiniert besonders viele leibliche Elemente und verbindet sie mit Musik. Es kann für Kinder sehr eindrucksvoll und feierlich sein, z. B. das Vaterunser mit wenigen Standardschritten zu tanzen und bei den einzelnen Bitten entsprechende Gebärden und Körperhaltungen einzunehmen.

Rituale sind besonders leicht einzuführen, wenn Kinder sich in der magischen Phase des Denkens befinden und mit fester Überzeugung davon ausgehen, dass das, was sie glauben, auch real existiert. Im Übrigen ist nachgewiesen, dass der Glaube an die eigenen Selbstheilungskräfte diese in manchmal ungewöhnlicher Weise stimulieren kann. Wir zeigen also den Kindern nicht etwas, von dem sie sich später als sogenannten Kinderglauben verabschieden müssten, sondern etwas, das ihnen auf Dauer eine neue Lebensdimension erschließt.

Religiöse Symbole in Raum, Spiel und Fest

An der symbolischen Gestaltung des Kirchenraumes wird ablesbar, dass all diese vermeintlichen »Äußerlichkeiten« in Wirklichkeit zu unserer »Erbauung« beitragen und dazu dienen, uns auf allen Ebenen mit neuer und guter Energie zu versorgen.

In diesem Zusammenhang sei darauf hingewiesen, dass auch eine Ikone, ein Kreuz, ein Engel oder ein anderes religiöses Symbol einen Raum energetisch »auflädt« und immer wieder an die Wirkkräfte in unserem Leben erinnert.

Neue Energie und Konzentration entstehen z. B. auch beim Ausmalen eines Mandalas, das unter Umständen eine lange Zeit in Anspruch nehmen kann. Sehr häufig zeigt sich, dass Kinder danach ruhiger und aufgeschlossener für Gespräche oder Zuwendung sind.

Eine sehr alte Form christlicher Verkündigung sind Spiele. Am bekanntesten ist wohl das Krippenspiel. Kinder können dabei »gleichzeitig« werden mit historischen Figuren. Durch diese spielerische Identifikation öffnen sich innere Welten, die ähnlich wie im Bibliodrama, also beim eigenen Umsetzen eines biblischen Textes in eine Spielszene, zu Veränderungen der Persönlichkeit führen können.

Auf sehr nachhaltige Weise können Kinder mit religiösen Inhalten in Kontakt kommen, wenn sie selbst an der Vorbereitung und Gestaltung christlicher Feste beteiligt werden. Sie können z. B. Früchte aus der Natur zu einem kleinen Erntedankaltar in der Kirche, Kita oder zu Hause zusammentragen. In vielen Familien schmücken die Eltern den Weihnachtsbaum, um ihre Kinder damit zu überraschen. Vielleicht aber ist es für Kinder noch spannender und eindrucksvoller, wenn sie daran beteiligt werden oder wenn sie eine Krippenlandschaft mit selbstgesuchten Materialien gestalten dürfen, auch wenn das Ergebnis nicht immer den ästhetischen Vorstellungen der Eltern entspricht.

Christliche Spiritualität und Religion

In der katholischen Kirche hatte die spirituelle Komponente immer einen größeren Stellenwert, in der evangelischen Kirche wird ihre Wichtigkeit erst in letzter Zeit wiederentdeckt. Oft werden ein Mangel an Gotteserfahrung und Ritualen sowie eine Wort- und Kopflastigkeit bemängelt, die vielen Glaubenden das Gefühl vermittelt, mit der Ganzheit, aber auch Gebrochenheit ihres Lebens nicht vorzukommen. Spiritualität setzt aber nicht so sehr auf intellektuelles Verstehen, sondern betont die Dimension der Erfahrbarkeit des Göttlichen.

Die Absicht religiöser Spiritualität ist es, Glaubende in den Bereich des Göttlichen und seiner Kräfte zu führen, um diese für den Alltag erfahrbar zu machen, wobei alle christlichen Konfessionen betonen, dass religiöse Praxis kein Selbstzweck sein darf, sondern in ausgeübte Nächstenliebe einmünden muss.

Religion, so könnte man verkürzt sagen, ist die Gestaltwerdung von spirituellen Erfahrungen. Diese Erfahrungen unterschiedlicher Art beziehen sich auf Kräfte und Mächte, die Menschen erlebt haben, von denen sie sich positiv oder negativ bestimmt fühlten oder überwältigt wurden und denen sie einen Namen gaben. Die Gestaltwerdung, die nötig war, um solche Erfahrungen weitergeben zu können, umfasst in der Regel neben der mündlichen Überlieferung sogenannte Heilige Texte, Rituale, Gesten und Bekenntnisse, später dann aber auch Organisationsstrukturen (Kirchen, Gemeinschaften), Lehren und speziell für die Weitergabe dieser Tradition befähigte Personen.

Die christliche Tradition bezieht sich auf Jesus von Nazareth, der für die Menschen, die auf ihn vertrauen, nach seiner Auferstehung zum Christus, dem Heilsbringer, wird. Wer sich auf ihn einlässt, vertraut darauf, dass die Art seines Lebens und die Kraft seines Gottesbewusstseins in der Gegenwart und im individuellen Leben erfahrbar sind. Christus ist für Glaubende keine historische Figur, sondern durch Gebet, Rituale und Gesten zu vergegenwärtigende Kraftquelle und Lebensgrundlage.

Der Apostel Paulus spricht vom »Christus in mir«. Das kann grundsätzlich jeder Christ sagen. Im »Herzensgebet«, das aus der russisch-orthodoxen Tradition stammt, wird dieser Gedanke verleiblicht: In seiner ursprünglichen Form werden über einen längeren Zeitraum beim Einatmen die Worte »Herr Jesus Christus« und beim Ausatmen die Worte »erbarme dich meiner« innerlich gesprochen und in die Herzgegend gelenkt. Dadurch wird zum einen der Atem reguliert, was besonders in hektischen oder panischen Momenten wichtig ist, zum anderen werden die oft wild im Kopf tobenden Gedanken beruhigt, und schließlich wird ein »heiliger« Name verinnerlicht.

Natürlich können auch andere kurze Sätze verwendet werden. Für Kinder wird man je nach Alter, Anlass und Situation leicht eigene Formulierungen finden können, z. B.: »Gott ist bei mir«, oder: »Mein Engel beschützt mich«. Es gibt Menschen, die die in der Kindheit gelernten Gebete noch als Erwachsene in schwierigen Lebenssituationen spontan erinnern und im Sinne eines Herzensgebetes einsetzen, z. B.: »Mein guter Hirte, der mich liebet, der mich kennt und bei meinem Namen nennt.«

Spezifisch christliche Spiritualität wird sich darum bemühen, durch religiöse Übungen, die auch die Leiblichkeit berücksichtigen, durch Gebet, Meditation, Musik, Rituale, Feste und viele andere Praktiken, zu denen auch die Nächsten- und Feindesliebe gehört, Christus immer ähnlicher zu werden. Dies geschieht nicht so sehr durch bloße Nachahmung seines Lebens, was kaum möglich ist, sondern durch Aktivierung der Kräfte, die sich im Namen des Christus bündeln und entfalten. Ein leider häufig anzutreffendes Missverständnis besteht darin, Religion oder Christentum mit Moral gleichzusetzen. Das Christentum ist keine Morallehre, auch wenn es eine solche entwickelt hat. Es ist überhaupt nicht so sehr eine Lehre, sondern eine Lebens- und Seinsweise. Sogenannte Glaubenserziehung oder spirituelle Praxis ist nicht in erster Linie die Unterrichtung in religiöser oder konfessioneller Weltanschauung, sondern das gemeinsame Einüben in das Vertrauen und Wahrnehmen von spirituellen Mächten, wie immer man sie benennt, die aber in jedem Fall größer sind als wir. Das Christentum kennt, wie jede andere Religion auch, moralische und ethische Kriterien und Maßstäbe, sie werden aber nicht als zu erbringende Leistung vom Menschen gefordert, sondern stellen sich von selbst ein, wenn Menschen in Kontakt mit den göttlichen Kräften und kosmischen Lebensgesetzen bleiben. Angesichts der Tatsache, dass in der Vergangenheit mit den moralischen Kategorien großer Missbrauch getrieben wurde, ist dies in der religiösen Erziehung besonders wichtig.

Der christliche Glaube befreit aber gerade von gesetzlichen Forderungen, indem er die Glaubenden mit etwas erfüllt, was man theologisch gesprochen als Gnade bezeichnet und was man praktisch als die Fähigkeit ansehen kann, mit Fehlern zu leben – ohne Angst vor Strafe und ohne fremdbestimmte Appelle. Nichts fordert das Evangelium, was es nicht auch gleichzeitig ermöglichte. Der Glaubende geht davon aus, dass sein Vertrauen ihn zu scheinbar nicht zu Leistendem (z. B. Feindesliebe, Vergebung) befähigt, und er erfährt es dann auch so. Das steht hinter dem bekannten Satz, dass der Glaube Berge versetzen kann.

Mit Kindern Spiritualität leben

Nicht nur, aber gerade auch für Kinder kann es eine sehr entlastende Erfahrung sein, mit seinen Problemen, seinem Kummer und seinen Sehnsüchten weder nur an die Eltern und andere Bezugspersonen verwiesen zu sein noch allein damit sein zu müssen, sondern sozusagen noch ein »anderes Reich« und andere Kraftfelder zur Verfügung zu haben. Darum sind bei Kindern auch Engel so beliebt, weil sie eher als der undarstellbare Gott konkrete Vorstellungen ermöglichen, die auch in Bildern und Figuren ausgedrückt werden können. Was spricht dagegen, diese Bilder, Figuren und Symbole auch real bei sich zu tragen oder sie Kindern als Schutzsymbole in den Alltag mitzugeben oder von Kindern selbst ihre persönlichen Schutzengel zeichnen zu lassen?

Alle hier genannten Formen, Rituale und Übungen sind eine nicht zu unterschätzende Hilfe, die dem Kind Halt und Sicherheit geben. Sie können ihre wahre Kraft aber erst ganz entfalten, wenn sie auch in den Alltagsstrukturen wiederkehren. Kinder fordern oft geradezu eine solche Strukturierung ein, die ja durch die Wiederholung eine Verankerung des Verhaltens bewirkt. Insofern müssen sie auch nicht ständig »mit ganzem Herzen« ausgeübt werden. Sie werden durch eine gewisse Routine nicht sinnentleert, sondern entfalten sich gerade durch die regelmäßige Einübung auf anderen Kanälen als denen des Bewusstseins.

Es gibt eine Gestaltung des Lebens von innen nach außen und eine von außen nach innen. Wie der regelmäßig betriebene Sport den Körper prägt, so prägen auch regelmäßig praktizierte Rituale den inneren Menschen. Erziehende sollten den Mut haben, religiöse und eigene Rituale in ihrem Alltag einzusetzen oder sich vielleicht hin und wieder zusammen mit ihren Kindern der Wirkkraft einer Kirche, eines Klosters oder einer Liturgie auszusetzen.

Abschließend möchten wir die Eltern und Erziehenden ermutigen, sich auf ihren eigenen spirituellen Weg einzulassen: Sie werden überraschende Erfahrungen mit sich, Ihren Kindern, der Welt und anderen Menschen machen. Es wird aber auch Zeiten geben, in denen einem die Spiritualität scheinbar abhanden kommt, Zeiten, in denen man in alte Muster zurückfällt, sucht, irrt, oder spiritueller Übungen überdrüssig ist. Dann scheint es weder Fortschritt noch Wachstum zu geben, und unser Herz schlägt wieder im Rhythmus der alltäglichen Sorgen und Ängste. Solche Phasen sind normal, und für viele ist gerade dann die Gemeinschaft mit anderen Menschen hilfreich. Das kann auch eine durchaus fruchtbare Zeit sein, in der jeder noch so gering erscheinende spirituelle Impuls »das schwache Herz hinter sich herschleift, bis es wieder auf den eigenen Beinen gehen kann. Daran ist nichts falsch. Das Herz muss nicht immer Meister seiner selbst sein.«[64]

Viel häufiger, als wir glauben, entwickeln *kleine Dinge*, die nur mit »halbem Herzen« geschehen, auch im Zusammenleben mit Kindern *große Kraft*.

Nachwort

Die Entstehung dieses Buches war ein Prozess, der nicht nur am Schreibtisch stattfand.

Viele Impulse und Anregungen verdanken wir Freundinnen und Freunden, mit denen wir über unser Projekt gesprochen und einzelne Themen diskutiert haben, insbesondere auch unseren (Pflege-) Kindern und Enkelkindern, in deren Familien wir vieles von dem erleben durften und besprechen konnten, über das wir in unserem Buch nachgedacht haben. Allen sei herzlich für ihr Interesse, ihre Kritik und ihre Offenheit gedankt.

Besonderen Dank möchte die Autorin ihrer Freundin Monika Greese sagen, die mit vielfältigen Hinweisen eine wichtige Hilfe gewesen ist. Dankbar ist die Autorin auch dafür, dass ihr schon frühzeitig das Werk Janusz Korczaks bekannt wurde, das ihre pädagogischen Ansichten und Lebenshaltungen maßgeblich beeinflusst hat.

Der Autor hat in großem Maße von den über Jahrzehnte geführten Gesprächen und Diskussionen mit Prof. Dr. Christian Möller und Prof. Dr. Manfred Josuttis profitiert. Letzterer hat besonders durch die Seminare über energetische Seelsorge wichtige Prozesse ausgelöst. Beiden ganz herzlichen Dank!

Manche Wendungen, Formulierungen und Gedanken, in die man sich selbst verliebt hat, halten dem Blick von außen nicht stand. Die Leserinnen und Leser davor bewahrt zu haben, ist das Verdienst der Lektorin des Patmos Verlags, Frau Dr. Christiane Neuen. Ihre Korrekturvorschläge und ihr kongeniales Mitdenken haben dazu beigetragen, vieles klarer und konziser auszudrücken. Für ihre Mühe, ihr Engagement und ihre Sorgfalt sei ihr sehr herzlich gedankt.

Die Autorin und der Autor haben in Köln und in Sundern-Langscheid (Hochsauerlandkreis) eine Praxis für Lebens- und Konfliktberatung, Erziehungsfragen und spirituelle Begleitung und sind unter folgenden Mailadressen erreichbar:

Helmut.Tschoepe@gmx.net

Tschoepe-Scheffler@t-online.de

Anhang

Anmerkungen

1 Tschöpe-Scheffler, Sigrid (2011): Fünf Säulen der Erziehung. Wege zu einem entwicklungsfördernden Miteinander von Erwachsenen und Kindern. 6. Aufl. Neuausgabe. Grünewald, Ostfildern.

2 Vgl. ebd., S. 82ff.

3 Richter, Horst-Eberhard (1979/2005): Der Gotteskomplex. Die Geburt und die Krise des Glaubens an die Allmacht des Menschen. Psychosozial-Verlag, Gießen.

4 Der polnische Arzt, Schriftsteller und Waisenhausvater Janusz Korczak hat von 1879–1942 gelebt und wurde mit seinen jüdischen Waisenhauskindern und Mitarbeiter/innen in Treblinka umgebracht. Seine bekanntesten Schriften sind »Das Recht des Kindes auf Achtung« und »Wie ein Kind lieben«.

5 Dauzenroth, Erich / Hampel, Adolf (1978): Vorwort zu Janusz Korczak: Verteidigt die Kinder. Gütersloher Verlagshaus, Gütersloh, S. 7.

6 Kirchner, Michael (1997): Von Angesicht zu Angesicht. Janusz Korczak und das Kind. Dieck, Heinsberg, S. 24.

7 Sedmak, Clemens (2006): Geglücktes Leben. Was ich meinen Kindern ans Herz legen will. Styria Premium, Wien/Graz/Klagenfurt, S. 76.

8 Meyer-Drawe, Käthe / Waldenfels, Bernhard (1988): Das Kind als Fremder. In: Vierteljahreszeitschrift für wissenschaftliche Pädagogik, Heft 64, S. 271 287.

9 »Wer seid ihr, wunderbares Geheimnis?«, so fragt Korczak in seiner pädagogischen Schrift »Wie liebt man ein Kind«. In: Korczak (1999), S. 41.

10 Ebd., S. 10.

11 Korczak, Janusz (1967): Wie man ein Kind lieben soll. Vandenhoeck & Ruprecht, Göttingen, S. 156.

12 Winkler, Michael (2006): Kritik der Pädagogik. Der Sinn der Erziehung. Kohlhammer, Stuttgart, S. 42.

13 Vgl. dazu Bollnow, Otto Friedrich (2004): Mensch und Raum. 10. Aufl. Kohlhammer, Stuttgart.

14 Schmitz, Hermann (1995): Das Göttliche, der Raum. System der Philosophie II/4. 21. Aufl. Bouvier, Bonn, S. 11.

15 Sheldrake, Rupert (1993): Das Gedächtnis der Natur. Das Geheimnis der Entstehung der Formen in der Natur. 2. Aufl. Piper, München, S. 11.

16 Publikationen, die in diesem Zusammenhang interessant sein könnten, sind: Grof, Stanislav (2007): Kosmos und Psyche. An den Grenzen menschlichen Bewusstseins. 5. Aufl., Fischer TB, Frankfurt am Main, sowie: Loomans, Pie-

ter (Hg.) (1999): Meditation und Transpersonale Psychotherapie. Der Alltag als Übung. Via Nova, Petersberg, darin vor allem folgende Aufsätze: Rupert Sheldrake: Kosmische Intelligenz – der Dialog zwischen Wissenschaft und Spiritualität, S. 29–38; Willigis Jäger: Der Alltag als Übung oder das Sakrament des Augenblicks, S. 145–153; Joachim Galuska: Meditative Versenkung und transpersonales Bewusstsein, S. 161–173.

17 Vgl. Wilber, Ken (2007): Integrale Spiritualität. Spirituelle Intelligenz rettet die Welt. Kösel, München.

18 Paul, Ingwer (1990): Rituelle Kommunikation. Sprachliche Verfahren zur Konstitution ritueller Bedeutung und zur Organisation des Rituals. Gunter Narr, Tübingen.

19 Möller, Christian (2006): Leidenschaft für den Alltag. Impulse reformatorischer Spiritualität. Calwer, Stuttgart.

20 Steffensky, Fulbert (2005): Schwarzbrot-Spiritualität. Radius, Stuttgart.

21 Die Formel *pantha rhei* = »Alles fließt« ist auf den griechischen Philosophen Heraklit zurückzuführen.

22 Vgl. Tschöpe, Helmut (1993): Zwischen Argument und Sakrament. Die mystagogische Theologie Joseph Wittigs und ihre Bedeutung für Theologie, Kirche und Gottesdienst. Peter Lang, Frankfurt am Main, S. 181 ff.

23 Vgl. Biesinger, Albert (2005): Kinder nicht um Gott betrügen. Anstiftungen für Mütter und Väter. Herder, Freiburg im Breisgau.

24 Vgl. dazu Cramer, Friedrich (1998): Symphonie des Lebendigen. Versuch einer allgemeinen Resonanztheorie. Insel, Frankfurt am Main/Leipzig, S. 23 ff.

25 »Risikogesellschaft« ist ein von dem Soziologen Ulrich Beck geprägter Begriff für unsere aktuelle gesellschaftliche Situation und der Haupttitel eines seiner Bücher von 1986.

26 Vgl. Hüther, Gerald (2004): Die Macht der inneren Bilder. Wie Visionen das Gehirn, den Menschen und die Welt verändern. Vandenhoeck & Ruprecht, Göttingen.

27 Vgl. Kast, Verena (2012): Imagination. Zugänge zu inneren Ressourcen finden. Vollständig überarbeitete und erweiterte Neuausgabe. Patmos, Ostfildern.

28 Steffensky, Fulbert (2003): Der Seele Raum geben – Kirchen als Orte der Besinnung und Ermutigung. Vortrag auf der 10. Synode der EKD in Leipzig.

29 Bettelheim, Bruno (1993): Kinder brauchen Märchen. Neuaufl. dtv, München.

30 Wittig, Joseph (1927): Leben Jesu in Palästina, Schlesien und anderswo. Leopold Klotz, Gotha.

31 Vom GfK Meinungsforschungsinstitut wurden im Auftrag von »Baby und Familie« 668 Männer und Frauen mit eigenen Kindern im August 2011 befragt.

32 Vgl. Winterhoff, Michael (2009): Warum unsere Kinder Tyrannen werden. Oder: Die Abschaffung der Kindheit. Goldmann, München, S. 133 f.

33 Vgl. Omer, Haim / von Schlippe, Arist (2010): Stärke statt Macht. Neue Autorität in Familie, Schule und Gemeinde. Vandenhoeck & Ruprecht, Göttingen.

34 Maslow, Abraham H. (1981): Motivation und Persönlichkeit. 12. Aufl. Rowohlt, Reinbek bei Hamburg.

35 Tschöpe-Scheffler: Fünf Säulen der Erziehung, S. 60–67; 72–78.

36 Van Gennep, Arnold (2005): Übergangsriten. (Les rites de passage). Campus, Frankfurt am Main.

37 Zum Transitionsansatz vgl. Griebel, Wilfried / Niesel, Renate (2004): Transitionen. Fähigkeit von Kindern in Tageseinrichtungen fördern, Veränderungen erfolgreich zu bewältigen. Hg. von Wassilios F. Fthenakis. Cornelsen, Berlin.

38 Josuttis, Manfred (2008): Kraft durch Glauben. Biblische, therapeutische und esoterische Impulse für die Seelsorge. Gütersloher Verlagshaus, Gütersloh, S. 108.

39 *Der eindimensionale Mensch. Die Ideologie der fortgeschrittenen Industriegesellschaft* (1964 erschienen) ist eines der Hauptwerke des deutsch-amerikanischen Soziologen und Philosophen Herbert Marcuse (1898–1979).

40 Vgl. Tschöpe, Helmut (1995): Unser Leben steht auf dem Spiel – Fest und Feier als heilende Dimension. In: Praxis, Spiel & Gruppe, 8. Jahrgang, Heft 3, S. 119–122.

41 Korczak, Janusz (2007): Das Recht des Kindes auf Achtung. Fröhliche Pädagogik. Hg. von Friedhelm Beiner. 4. Aufl. Gütersloher Verlagshaus, Gütersloh.

42 Vgl. Tschöpe, Helmut / Tschöpe-Scheffler, Sigrid (Hg.) (1997): Weihnachtslust – Weihnachtsfrust. Gefühle, Sehnsüchte und Erfahrungen rund um ein altes Fest. Grünewald, Mainz, S. 65ff.

43 Vgl. Wilbrand-Donzelli, Nicola: Topfschlagen ist out. Die neuen Kindergeburtstage. In: http://eltern.t-online.de/kindergeburtstag-muss-immer-spektakulaerer-werden/id_48321608/index, (Zugriff am 10.1.2012).

44 Vgl. www.tollkids.de.

45 Vgl. www.kindergeburtstagsplanerin.de.

46 Borchard, Michael / Henry-Huthmacher, Christine / Merkle, Tanja / Wippermann, Carsten / Hoffmann, Elisabeth (2008): Eltern unter Druck. Selbstverständnisse, Befindlichkeiten und Bedürfnisse von Eltern in verschiedenen Lebenswelten. Lucius & Lucius, Stuttgart.

47 http://eltern.t-online.de/kindergeburtstag-muss-immer-spektakulaerer-werden/id_48321608/index. Es haben 791 Besucher abgestimmt (Zwischenergebnis, Zugriff am 26.7.2011).

48 Vgl. Tschöpe, Helmut (1995): Unser Leben steht auf dem Spiel – Fest und Feier als heilende Dimension, in: Praxis, Spiel & Gruppe, 8. Jahrgang, Heft 3, S. 122.

49 Bollnow, Otto Friedrich (1956): Das Wesen der Stimmungen. Klostermann, Frankfurt am Main, S. 165.

50 Erikson, Erik H. (1973): Identität und Lebenslauf. 25. Aufl. Suhrkamp, Frankfurt am Main.

51 Zitiert aus: Döll, P. Ermin / Hoffmann, Sieglinde (1998): Der Weg des Meisters II. Texte von Meister Eckhart, Johannes Tauler und der deutschen Mystik. Meditationshaus St. Franziskus, Dietfurt.

52 Kett, F. (2009): Daseinspädagogik. In: www.franz-kett.de/rpp.html.
53 Korczak, Janusz (1999): Sämtliche Werke. Bd. 4: Wie liebt man ein Kind. Erziehungsmomente. Das Recht des Kindes auf Achtung. Fröhliche Pädagogik. Bearbeitet und kommentiert von Beiner, Friedhelm / Ungermann, Silvia. Gütersloher Verlagshaus, Gütersloh, S. 54f.
54 Korczak, Janusz. (1978): Verteidigt die Kinder. Gütersloher Verlagshaus, Gütersloh, S. 45.
55 Korczak, Janusz. (1996): Sämtliche Werke. Bd. 1: Kinder der Straße. Kind des Salons. Bearbeitet und kommentiert von Beiner, Friedhelm / Ungermann, Silvia. Gütersloher Verlagshaus, Gütersloh, S. 14.
56 Korczak, Janusz. (1973): Wenn ich wieder klein bin. Und andere Geschichten von Kindern. Vandenhoeck & Ruprecht, Göttingen, S. 85.
57 Korczak, Janusz (1972): Das Recht des Kindes auf Achtung. Vandenhoeck & Ruprecht. Göttingen, S. 26.
58 Korczak, Janusz (1979): Von Kindern und anderen Vorbildern. Gütersloher Verlagshaus, Gütersloh, S. 119.
59 Fuchs-Hemstege, Tanja (2008): Tod, wir kennen deinen Stachel. Abschied von Jonas. Ariston, München, S.10.
60 Ebd., S. 72.
61 Oduncu, Fuat S. / Hohendorf, Gerrit: Assistierter Suizid: Die ethische Verantwortung des Arztes. In: Deutsches Ärzteblatt 2011; 108(24): A 1362–1364.
62 Josuttis, Manfred (2008): Kraft durch Glauben. Biblische, therapeutische und esoterische Impulse für die Seelsorge. Gütersloher Verlagshaus, Gütersloh, S. 53.
63 »Von guten Mächten wunderbar geborgen, erwarten wir getrost, was kommen mag, Gott ist mit uns am Abend und am Morgen und ganz gewiss an jedem neuen Tag.«
64 Steffensky, Fulbert (2002): Der alltägliche Charme des Glaubens. Echter, Würzburg, S. 27.

Literatur

Bauer, Joachim (2006): Prinzip Menschlichkeit. Warum wir von Natur aus kooperieren. Heyne, München.

Bettelheim, Bruno (1993): Kinder brauchen Märchen. Neuauflage dtv, München.

Biesinger, Albert (2005): Kinder nicht um Gott betrügen. Herder, Freiburg im Breisgau.

Bollnow, Otto Friedrich (1959): Existenzphilosophie und Pädagogik. Versuch über unstetige Formen der Erziehung. Kohlhammer, Stuttgart.

Bollnow, Otto Friedrich (1995): Das Wesen der Stimmungen. 8. Aufl. Klostermann, Frankfurt am Main.

Bollnow, Otto Friedrich (2004): Mensch und Raum. 10. Aufl. Kohlhammer, Stuttgart.

Borchard, Michael / Henry-Huthmacher, Christine / Merkle, Tanja / Wippermann, Carsten / Hoffmann, Elisabeth (2008): Eltern unter Druck. Selbstverständnisse, Befindlichkeiten und Bedürfnisse von Eltern in verschiedenen Lebenswelten. Eine sozialwissenschaftliche Untersuchung von Sinus-Sociovision im Auftrag der Konrad-Adenauer-Stiftung e.V. Lucius & Lucius, Stuttgart.

Bucher, Anton (2007): Psychologie der Spiritualität. ((Verlag?)), Weinheim/Basel.

Cramer, Friedrich(1998): Symphonie des Lebendigen. Versuch einer allgemeinen Resonanztheorie. Insel, Frankfurt am Main / Leipzig.

Dauzenroth, Erich / Hampel, Adolf (1978): Vorwort zu Janusz Korczak: Verteidigt die Kinder. Gütersloher Verlagshaus, Gütersloh.

Döll, P. Ermin / Hoffmann, Sieglinde (1998): Der Weg des Meisters II. Texte von Meister Eckehart, Johannes Tauler und der deutschen Mystik. Meditationshaus St. Franziskus, Dietfurt.

Erikson, Erik H. (1973): Identität und Lebenslauf. 25. Aufl. Suhrkamp, Frankfurt am Main.

Faulstich, Joachim (2006): Das heilende Bewusstsein. Wunder und Hoffnung an den Grenzen der Medizin. Knaur, München.

Fischer, Klaus P. (1986): Gotteserfahrung. Mystagogie in der Theologie K. Rahners und in der Theologie der Befreiung. Grünewald, Mainz.

Fox, Mathew / Sheldrake, Rupert (1998): Engel – die kosmische Intelligenz. Kösel, München.

Fuchs-Hemstege, Tanja (2008): Tod, wir kennen deinen Stachel. Abschied von Jonas. Ariston, München.

Van Gennep, Arnold (1986): Übergangsriten. (Les rites de passage). Campus, Frankfurt am Main.

Griebel, Wilfried / Niesel, Renate (2004): Transitionen. Fähigkeit von Kindern in Tageseinrichtungen fördern, Veränderungen erfolgreich zu bewältigen. Hg. von Wassilios F. Fthenakis. Cornelsen, Berlin.

Grof, Stanislav (2007): Kosmos und Psyche. An den Grenzen menschlichen Bewußtseins. 5. Aufl. Fischer TB, Frankfurt am Main.

Galuska, Joachim (2003): Die erwachte Seele und ihre transpersonale Struktur. In: Transpersonale Psychologie und Psychotherapie 2003/2.

Gebauer, Karl / Hüther, Gerhard (Hg.) (2001): Kinder brauchen Wurzeln. Neue Perspektiven für eine gelingende Entwicklung. Walter, Düsseldorf.

GfK Meinungsforschungsinstitut im Auftrag von »Baby und Familie« (August 2011): Gottesdienst und Tischgebet? Ausgediente Rituale: www.baby-und-familie.de/Erziehung/Gottesdienst-und-Tischgebet-Ausgediente-Rituale-113533.html.

Hüther, Gerald (2004): Die Macht der inneren Bilder. Wie Visionen das Gehirn, den Menschen und die Welt verändern. Vandenhoeck & Ruprecht, Göttingen.

Josuttis, Manfred (2000): Segenskräfte: Potentiale einer energetischen Seelsorge. Chr. Kaiser / Gütersloher Verlagshaus, Gütersloh.

Josuttis, Manfred (2006): Verführung zum Leben. Über die Geheimnisse des christlichen Glaubens. Gütersloher Verlagshaus, Gütersloh.

Josuttis, Manfred (2008): Kraft durch Glauben. Biblische, therapeutische und esoterische Impulse für die Seelsorge. Gütersloher Verlagshaus, Gütersloh.

Kast, Verena (2012): Imagination. Zugänge zu inneren Ressourcen finden. Vollständig überarb. und erw. Neuausgabe. Patmos, Ostfildern.

Kett, Franz (2009): Daseinspädagogik. In: www.franz-kett.de/rpp.html.

Kirchner, Michael (1997): Von Angesicht zu Angesicht. Janusz Korczak und das Kind. Dieck, Heinsberg.

Korczak, Janusz (1967): Wie man ein Kind lieben soll. Vandenhoeck & Ruprecht, Göttingen.

Korczak, Janusz (1973): Das Recht des Kindes auf Achtung. Vandenhoeck & Ruprecht, Göttingen.

Korczak, Janusz (1973): Wenn ich wieder klein bin. Und andere Geschichten von Kindern. Vandenhoeck & Ruprecht, Göttingen.

Korczak, Janusz. (1978): Verteidigt die Kinder. Erzählende Pädagogik. Gütersloher Verlagshaus, Gütersloh.

Korczak, Janusz (1979): Von Kindern und anderen Vorbildern. Gütersloher Verlagshaus, Gütersloh.

Korczak, Janusz (1996): Sämtliche Werke. Bd. 1: Kinder der Straße. Kind des Salons. Bearbeitet und kommentiert von Beiner, Friedhelm / Ungermann, Silvia. Gütersloher Verlagshaus, Gütersloh.

Korczak, Janusz (1999): Sämtliche Werke. Bd. 4: Wie liebt man ein Kind. Erziehungsmomente. Das Recht des Kindes auf Achtung. Fröhliche Pädagogik. Bearbeitet und kommentiert von Beiner, Friedhelm / Ungermann, Silvia. Gütersloher Verlagshaus, Gütersloh.

Korczak, Janusz (2007): Das Recht des Kindes auf Achtung. Fröhliche Pädagogik. Hg. von Beiner, Friedhelm. 4. Aufl. Gütersloher Verlagshaus, Gütersloh.

Laewen, Hans-Joachim (2002): Forscher, Künstler, Konstrukteure – Werkstattbuch zum Bildungsauftrag von Kindertageseinrichtungen. Weinheim.

Linke, Detlef B. (2005): Religion als Risiko. Geist, Glaube und Gehirn. Rowohlt, Reinbek bei Hamburg.

Loomans, Pieter (Hg.) (1999): Meditation und Transpersonale Psychotherapie. Der Alltag als Übung. Via Nova, Petersberg.

Mayer-Drawe, Käthe / Waldenfels, Bernhard (1988): Das Kind als Fremder. In: Vierteljahreszeitschrift für wissenschaftliche Pädagogik, Heft 64, S. 271–287.

Maslow, Abraham (1981): Motivation und Persönlichkeit. 12. Aufl. Rowohlt, Reinbek bei Hamburg.

Möller, Christian (2006): Leidenschaft für den Alltag. Impulse reformatorischer Spiritualität. Calwer, Stuttgart.

Omer, Haim / von Schlippe, Arist (2010): Stärke statt Macht. Neue Autorität in Familie, Schule und Gemeinde. Vandenhoeck & Ruprecht, Göttingen.

Opp, Günther / Fingerle, Michael / Freytag, Andreas (Hg.) (1999): Was Kinder stärkt. Erziehung zwischen Risiko und Resilienz. 2. Aufl. Ernst Reinhardt, München.

Oduncu, Fuat. S. / Hohendorf, Gerrit (2011): Assistierter Suizid: Die ethische Verantwortung des Arztes In: Dtsch. Arztebl 108(24): A 1362–1364.

Paul, Ingwer (1990): Rituelle Kommunikation. Sprachliche Verfahren zur Konstitution ritueller Bedeutung und zur Organisation des Rituals. Gunter Narr, Tübingen.

Richter, Horst-Eberhard (2005): Der Gotteskomplex. Die Geburt und die Krise des Glaubens an die Allmacht des Menschen. Neuausgabe. Psychosozial-Verlag, Gießen.

Saint-Exupéry, Antoine de (1988): Der Kleine Prinz. 43. Aufl. Karl Rauch, Düsseldorf.

Schmitz, Hermann (1995): Das Göttliche, der Raum. System der Philosophie II/4. 21., Aufl., Bouvier, Bonn.

Schopp, Johannes (2010): Eltern stärken. Die Dialogische Haltung in Seminar und Beratung. Ein Leitfaden für die Praxis. 3. Aufl. Barbara Budrich, Opladen.

Sheldrake, Rupert (1993): Das Gedächtnis der Natur. Das Geheimnis der Entstehung der Formen in der Natur. 2. Aufl. Piper, München.

Sedmak, Clemens (2006): Geglücktes Leben. Was ich meinen Kindern ans Herz legen will. Styria Premium, Wien/Graz/Klagenfurt.

Steffensky, Fulbert (2002): Der alltägliche Charme des Glaubens. Echter, Würzburg.

Steffensky, Fulbert (2003): Der Seele Raum geben – Kirchen als Orte der Besinnung und Ermutigung. Vortrag auf der 10. Synode der EKD in Leipzig.

Steffensky, Fulbert (2005): Schwarzbrot-Spiritualität. Radius, Stuttgart.

Speck, Otto (1999): Risiko und Resilienz – Pädagogische Reflexionen. In: Opp, Günther / Fingerle, Michael / Freytag, Andreas. (Hg.) (1999): Was Kinder stärkt. Erziehung zwischen Risiko und Resilienz. München.

Stöger, Peter (2000): Martin Buber. Der Pädagoge des Dialogs. Einblicke und Ausblicke unter besonderer Berücksichtigung von »Ich und Du« und Erzählungen des Chassidim. 2. Aufl. Savaria University Press, Szombathely.

Tschöpe, Helmut / Tschöpe-Scheffler, Sigrid (Hg.) (1997): Weihnachtslust – Weihnachtsfrust. Gefühle, Sehnsüchte und Erfahrungen rund um ein altes Fest. Grünewald, Mainz.

Tschöpe, Helmut (1993): Zwischen Argument und Sakrament. Die mystagogische Theologie Joseph Wittigs und ihre Bedeutung für Theologie, Kirche und Gottesdienst. Peter Lang, Frankfurt am Main.

Tschöpe, Helmut (1995): Unser Leben steht auf dem Spiel – Fest und Feier als heilende Dimension. In: Praxis, Spiel & Gruppe, 8. Jahrgang, Heft 3, S. 119–122.

Tschöpe-Scheffler, Sigrid (1995): Was einen Tag vom anderen unterscheidet. In: Praxis, Spiel & Gruppe, 8. Jahrgang, Heft 3, S. 123–127.

Tschöpe-Scheffler, Sigrid (1997): Wer seid ihr, unbekanntes Geheimnis? In: Kaminski, Winfred / Tschöpe-Scheffler, Sigrid (Hg.): Janusz Korczak – gestern, heute, morgen. Symposium des FB Sozialpädagogik der Fachhochschule Köln. Dokumentation. Köln.

Tschöpe-Scheffler, Sigrid (1999): Erkenne dich selbst, bevor du Kinder zu erkennen trachtest. In: Öhlschläger, Rainer (Hg.): Von Korczak lernen, heißt ... Zwei Aufsätze zur Korczak-Pädagogik. Akademie der Diözese Rottenburg-Stuttgart. Stuttgart, S.41–65.

Tschöpe-Scheffler, Sigrid (2005): Perfekte Eltern und funktionierende Kinder? Vom Mythos der »richtigen« Erziehung. Budrich, Opladen.

Tschöpe-Scheffler, Sigrid (2011): Fünf Säulen der Erziehung. Wege zu einem entwicklungsfördernden Miteinander von Erwachsenen und Kindern. 6., überarbeitete Neuauflage. Grünewald, Ostfildern.

Wilber, Ken (2007): Integrale Spiritualität. Spirituelle Intelligenz rettet die Welt. Kösel, München.

Wilbrand-Donzelli, Nicola.: Topfschlagen ist out. Die neuen Kindergeburtstage. In: http://eltern.t-online.de/kindergeburtstag-muss-immer-spektakulaerer-werden/id_48321608/index (Zugriff am 10.1.2012).

Winkler, Michael (2006): Kritik der Pädagogik. Der Sinn der Erziehung. Kohlhammer, Stuttgart.

Winterhoff, Michael (2009): Warum unsere Kinder Tyrannen werden: Oder: Die Abschaffung der Kindheit. Goldmann, München.

Wittig, Joseph (1927): Leben Jesu in Palästina, Schlesien und anderswo. Leopold Klotz, Gotha.

www.kindergeburtstagsplanerin.de

www.tollkids.de